INSEGNARE A SCRIVERE IN *Corsivo* IN PRIMARIA

Guida operativa per insegnanti

**MANUALE TEORICO - PRATICO
DALL'ESPERIENZA CORPOREA AL SEGNO
ATTIVITÀ PRONTE PER LA CLASSE**

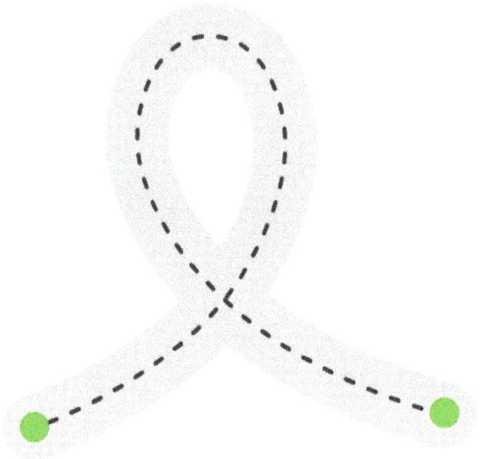

ISBN: 9781787934894
Autore: Jacopo Tortorella
Edizione: Agosto 2025

COPYRIGHT ©2025
Artù Publishing Tutti i diritti sono riservati.

Nessuna parte di questa pubblicazione può essere riprodotta, custodita o trasmessa in alcuna forma o attraverso qualunque mezzo, elettronico, meccanico, né può essere fotografata, scannerizzata, registrata o altro senza permesso scritto dell'autore principale InnerEchoes. Non è consentito ed è illegale copiare questo libro o parte di esso, pubblicando post su social o su siti internet, o distribuirlo attraverso qualunque mezzo senza permesso scritto dell'autore.

INDICE

L'esperienza di un insegnante di scuola primaria   pag. 7
specializzata in rieducazione della scrittura.

INTRODUZIONE   pag. 12
    Riferimenti alle Indicazioni Nazionali 2025 e quadro   pag. 14
ministeriale sul ruolo della scrittura a mano.

Tavola di sintesi e correlazione tra   pag. 16
i prerequisiti necessari alla scrittura manuale.

1. I PREREQUISITI SPAZIO-PERCETTIVI   pag. 17

2. LO SCHEMA CORPOREO COME PREREQUISITO   pag. 21
FONDAMENTALE
    Cosa è necessario per poter scrivere.   pag. 25
    Giochi per l'attenzione visiva.   pag. 27
    Giochi per consapevolezza corporea e   pag. 29
coordinamento.

3. I PREREQUISITI DI MANIPOLAZIONE FINE E   pag . 31
MOTRICITA'
    Quante e quali impugnature?   pag. 37
    Descrizioni delle impugnature.   pag. 38
    Consolidare le prese in classe.   pag. 39
    Scelta e uso corretto di strumenti.   pag. 40

4. I PREREQUISITI COGNITIVI — pag. 43

Suggerimenti per monitorare il progresso cognitivo attraverso checklist e osservazioni sistematiche. — pag. 46
    Checklist di osservazione - scrittura corsiva. — pag. 48
    Elenco di brani utili alla concentrazione. — pag. 49

5. PREREQUISITI LINGUISTICI E FONOLOGICI — pag. 51

    Quale metodo per la letto-scrittura? — pag. 55

6. STABILITA' EMOTIVA E MOTIVAZIONE NELLA SCRITTURA MANUALE — pag. 57

    Attività pratiche. — pag. 59
    Strategie motivazionali. — pag. 60
    Altri giochi utili. — pag. 62

7. L'IMPORTANZA DELLE ABILITÀ GRAFO-MOTORIE COME PROPEDEUTICHE ALL'USO DELLE TECNOLOGIE DIGITALI — pag. 65

    Il modello SAMR. — pag. 68

8. DALL'APPRENDIMENTO DELLO STAMPATO MAIUSCOLO AL CORSIVO: UN PERCORSO GRADUALE — pag. 71

    Esempio di percorso graduale in classe. — pag. 73
    Sequenza consigliata per famiglie di lettere e legature. — pag. 75
    Altri giochi utili. — pag. 77
    Metodi di insegnamento del corsivo. — pag. 79
    Schede di valutazione. — pag.85

9. INCLUSIVITÀ DIDATTICA E STRATEGIE SPECIFICHE PER ALUNNI CON DSA — pag. 95

    Esempio di personalizzazione di lezione sulla lettera A in corsivo ad una classe prima di scuola primaria. — pag. 99

Adattamenti pratici per la gestione di tempi, spazi e strumenti compensativi.   pag. 102

10. LA DISGRAFIA: CONOSCERLA PER INTERVENIRE EFFICACEMENTE   pag. 104

Quando è utile l'intervento di un grafoterapeuta con un percorso di rieducazione della scrittura?   pag. 107   pag. 108
Robert Oliveaux.

11. IL RUOLO DELL'INSEGNANTE: ACCOMPAGNARE IL GESTO GRAFICO IN CLASSE   pag. 109

Accompagnare il gesto grafico in classe.   pag. 112
Modelli di lezione "Pronte all'uso" classe 1.   pag. 116

12. EDUCARE SENZA FRETTA ATTRAVERSO IL GESTO GRAFICO   pag. 119

13. VALUTARE IL CORSIVO: STRATEGIE DI OSSERVAZIONE E STRUMENTI OPERATIVI   pag. 123

Tabella di osservazione nell'apprendimento del corsivo.   pag. 125
Come osservare in classe: esempi pratici.   pag. 126
Checklist rapida per osservazione quotidiana.   pag. 127

CONCLUSIONI   pag. 128

SINTESI OPERATIVA   pag. 130

ERRORI DA EVITARE   pag. 131

ALLEGATI   pag. 132

BIBLIOGRAFIA   pag. 134

SITOGRAFIA   pag. 135

L'ESPERIENZA DI UN'INSEGNANTE

Nel corso della mia carriera pluridecennale di insegnante nella scuola primaria statale, prima come precaria poi come docente di ruolo, ho avuto l'opportunità di misurarmi quasi annualmente con diverse classi prime e ho notato come siano progressivamente diminuite la capacità di manipolazione, di uso degli strumenti grafici e di motricità fine in generale, come le capacità attentive degli alunni.
Insegnare a scrivere ed in particolar modo farlo per la scrittura corsiva è una trasmissione educativa e formativa che richiede una preparazione approfondita. Molto spesso i percorsi universitari italiani finalizzati all'insegnamento nella scuola primaria non comprendono nel piano di studi queste competenze.
Io stessa avvertendo questa lacuna ho frequentato un master universitario annuale dedicato all'argomento nel quale si è affrontato anche il percorso di rieducazione della scrittura.
Scrivere è un'attività altamente specializzata che genera "prodotti" attraverso l'uso di supporti e strumenti. Per poterlo fare i "meccanismi" alla base sono molteplici e tutti tra loro interlacciati. Il fine primo di questa meravigliosa pratica e competenza è il poter comunicare, comunicare se stessi agli altri, al mondo intero, crescere nelle competenze e trovare la propria strada nella vita.
Nel corso degli anni in classe ho potuto notare la scarsa cura e il poco interesse che gli alunni riservano alla qualità della loro grafia fino ad inficiare addirittura la comprensione del messaggio scritto. Questo ricade sia sulla difficoltà di correzione degli elaborati da parte dei docenti, sia sulla rilettura personale e ovviamente sull'autostima personale.

Il futuro della scrittura dipende per una parte considerevole dal modo in cui viene stabilito il contatto iniziale con questo atto motorio complesso. Vi è poi un investimento affettivo sul suo apprendimento, sia da parte dei bambini sia da parte degli adulti. Perciò è sempre più urgente la necessità da parte degli insegnanti di rivedere una pedagogia della scrittura che allontani lo "spontaneismo" e si fondi su competenze di grafomotricità/motricità, rispetto dei tempi di apprendimento dei bambini, percezione in tutte le sue forme, gradualità, valorizzazione dei risultati e contributo alla costruzione dell' autostima di chi apprende.

Come rieducatrice della scrittura mi sento di condividere con voi lettori il percorso di F., un ragazzo di terza media, certificato *anche* come disgrafico dai servizi ASL del territorio. F. è stato il primo ragazzo che ho affiancato nel recupero della sua grafia e che porto nel cuore. Arrivò da me molto timido e per niente entusiasta di aggiungere attività a quelle che doveva già portare a termine settimanalmente. La volontà di migliorare la sua scrittura era partita dalla madre. Con lui stabilii un "contratto comportamentale" regolarmente sottoscritto da me e da lui in cui erano scritti nero su bianco i suoi impegni ma anche la possibilità di rimodulare tutte le attività che gli avrei proposto. Il recupero di F. si è costruito in prima battuta sulla fiducia nel tempo conquistata in se stesso e in me, sull'empatia e l'ascolto reciproco, sulla maggiore consapevolezza del proprio respiro e del proprio corpo, principalmente dell'arto superiore destro con cui scriveva, ma che non aveva ancora eletto a quello più abile.

F. affiancava alle incertezze relative alla sua motricità dovute anche a diversi incidenti e traumi agli arti superiori, (postura scorretta, impugnatura non adeguata, dolori al polso a all'avambraccio) a quelle di un apprendimento non efficace del gesto grafico durante la scuola dell'infanzia prima e della scrittura in stampato e corsivo alla scuola primaria poi. Questo ragazzo era stato, durante il suo percorso scolastico, dispensato dallo scrivere a mano e al suo posto utilizzava la scrittura a computer. Al termine di otto mesi di attività settimanali, due in più rispetto ai canonici sei mesi, poichè attraversammo anche il periodo di lockdown durante la pandemia, F. recuperò la sua grafia con un sorriso sul viso e una luce negli occhi che fatico a descrivere. Erano i segni visibili che la sua autostima era di gran lunga cresciuta e l'orgoglio di aver recuperato la sua scrittura era stato riconosciuto anche dai suoi insegnanti a scuola che riuscivano a correggere i suoi elaborati. L'andamento didattico-educativo generale di F. era migliorato in generale. Questo è stato il bel percorso di F.:

L G
Docente di scuola primaria,
Rieducatrice della scrittura

PRIMA

Caro Diego
ti scrivo per raccontarti
della mia uscita in skate.
domenica sera ero in una via
di santamaria e ho preso una
buca.
Quando sono caduto mi sono accorto
che mi ero sbucciato la falange
sinistra.

ti scrivo per raccontarti della m...
uscita in skate.
...enica sera ero in una via di Santa
Maria e ho preso una buca.
...ando sono caduto mi sono accorto
che mi ero sbucciato la falange
sinistra.
... saluto.

DOPO

LA TUA BUSSOLA NEL LIBRO

 capire

 esercizi per migliorare

 focus

INTRODUZIONE

PERCHÈ E' IMPORTANTE INSEGNARE LA SCRITTURA CORSIVA OGGI: LE RAGIONI PEDAGOGICHE E COGNITIVE.

Nel contesto storico in cui siamo, dominato dalla tastiera e dal touch screen, insegnare la scrittura corsiva resta un elemento centrale del percorso formativo, a partire già dalla scuola dell'infanzia che si concretizza poi nella scuola primaria. È proprio in questi gradi di istruzione che si pongono le fondamenta di una competenza grafica manuale capace di arricchire profondamente il processo di apprendimento. Sono numerose le discipline che si occupano dell'importanza della scrittura a mano.

Dal punto di vista pedagogico, infatti, il corsivo insegna ai bambini a pianificare e organizzare il proprio gesto grafico: mentre tracciano una lettera come la "a" o la "l" in un movimento continuo e fluido, imparano contemporaneamente a gestire spazi e margini del foglio, dando ordine ai loro pensieri e alle loro idee. Nella pratica quotidiana scolastica questo avviene, per esempio, quando durante una semplice dettatura gli alunni non si limitano a scrivere le parole una sotto l'altra, ma devono anticipare mentalmente come occupare lo spazio rimanente del foglio e organizzare la pagina. In questo modo, la scrittura diventa uno strumento attivo per strutturare graficamente e mentalmente ciò che si desidera comunicare. Dal punto di vista cognitivo, le ricerche condotte dalla professoressa Virginia Berninger dell'Università di Washington hanno dimostrato, attraverso l'uso di risonanze magnetiche funzionali, che la scrittura manuale attiva contemporaneamente molte aree del cervello: quelle coinvolte nella percezione visiva, quelle della memoria di lavoro e quelle dedicate al linguaggio.

Questa attivazione cerebrale è significativamente più ampia rispetto a quella osservata quando si utilizza una tastiera. Ad esempio, nelle classi di seconda primaria, gli alunni che scrivono frasi in corsivo riescono a ricordare meglio e più a lungo ciò che hanno scritto rispetto ai loro compagni che svolgono lo stesso compito su tablet o dispositivi digitali.

Dal punto di vista neuroscientifico, la neurologa Régine Zekri-Hurstel sottolinea come ripetere consapevolmente i movimenti grafici tipici del corsivo favorisca la neuroplasticità, ovvero la capacità del cervello di creare nuove connessioni sinaptiche e rinforzare quelle esistenti. Questa capacità è stata osservata direttamente in contesti scolastici dove, proponendo esercizi ripetuti di tracciamento di curve, angoli e lettere, gli alunni sviluppano, in poche settimane, una maggiore efficienza della coordinazione occhio-mano e una notevole fluidità e precisione del tratto grafico.

Anche la professoressa Daniela Lucangeli, dell'Università di Padova, ricorda che la scrittura corsiva aiuta i bambini molto più dello stampatello nel distinguere chiaramente la separazione tra le parole, facilitando la comprensione del testo e sostenendo la sicurezza emotiva degli alunni che incontrano difficoltà nelle prime fasi di apprendimento. È sufficiente osservare in classe un semplice esercizio come la trascrizione di una frase dalla lavagna: i bambini che lavorano con il corsivo tendono a interiorizzare rapidamente la struttura della frase, riuscendo poi a riprodurla autonomamente con maggiore sicurezza e precisione.

Perciò *insegnare oggi la scrittura corsiva* non rappresenta una scelta d'altri tempi, o una pratica lenta e senza prospettive ma una strategia educativa solida e comprovata scientificamente. Essa permette di sviluppare nei bambini l'attenzione e la lentezza riflessiva, rafforza competenze spaziali e cognitive essenziali e costruisce un solido fondamento neuropsicologico, indispensabile prima di introdurre, con equilibrio e consapevolezza, l'utilizzo delle tecnologie digitali nei percorsi didattici successivi.

RIFERIMENTI ALLE INDICAZIONI NAZIONALI 2025 E QUADRO MINISTERIALE SUL RUOLO DELLA SCRITTURA A MANO.

Le Indicazioni Nazionali 2025 inquadrano la scrittura a mano e in particolare il corsivo, al centro dell'esperienza scolastica nella primaria, riconoscendone il valore pedagogico e cognitivo. Scrivere a mano non è solo un mezzo di comunicazione, ma un'attività che sviluppa attenzione, concentrazione, coordinazione oculo-manuale e capacità di strutturare il pensiero. La bozza ministeriale evidenzia il bisogno di rallentare il ritmo, favorendo momenti di silenzio e riflessione, in contrapposizione alla frenesia digitale.

Viene promosso un equilibrio tra strumenti tradizionali e tecnologie, incoraggiando un uso graduale dei device solo dopo il consolidamento delle abilità grafo-motorie. Per gli alunni con DSA, le Linee guida MIUR 2011 restano il riferimento, prevedendo percorsi flessibili e personalizzati.

Queste novità entreranno progressivamente in vigore dal 2026/2027, sostituendo le Indicazioni del 2012, e offrono agli insegnanti un quadro normativo che rafforza la centralità della scrittura manuale nella formazione di base.

Come applicare le Indicazioni 2025 in classe

1. Pianifica momenti di "scrittura lenta"
- Dedica almeno 10–15 minuti due volte a settimana ad attività di scrittura in silenzio, favorendo la concentrazione.

2. Alterna analogico e digitale
- Svolgi l'apprendimento iniziale del corsivo su carta.
- Introduci strumenti digitali solo per rielaborazione o presentazione, mai come sostituto precoce.

3. Personalizza per inclusione
- Per alunni con DSA, inizia con lo stampato maiuscolo, passando al corsivo gradualmente.
- Usa strumenti compensativi (penne ergonomiche, righe guida, schede a contrasto alto).

4. Integra attività riflessive
- Proponi frasi motivazionali o piccoli testi su cui riflettere mentre si scrive.
- Stimola la consapevolezza del gesto grafico, non solo il prodotto finale.

5. Monitora i progressi
- Utilizza griglie di osservazione settimanali.
- Registra miglioramenti in termini di fluidità, leggibilità e postura.

TAVOLA DI SINTESI E CORRELAZIONE TRA I PREREQUISITI NECESSARI ALLA SCRITTURA MANUALE.

SVILUPPO COGNITIVO	SVILUPPO PERCETTIVO	SVILUPPO MOTORIO
Comprendere la **lingua** in cui la lezione viene svolta, conoscerne la terminologia.	Avere la consapevolezza dei **sensi**: tatto, udito, vista e propriocezione.	Stabilità di testa e busto; buon equilibrio, tonicità e forza degli arti superiori.
Saper effettuare operazioni di **astrazione** e **simbolizzazione** per comprendere la differenza tra un disegno ed una lettera.	Avere acquisito lo **schema corporeo** attraverso le esperienze quotidiane e ludiche.	Capacità di **dissociare** e **coordinare** i diversi segmenti dell'**arto superiore**: spalla, gomito, polso, dita.
Avere **abilità fonologiche** adeguate per poter differenziare i fonemi che diventano grafemi.	Avere **coordinazione oculo - manuale** per poter dirigere la mano nell'atto scrittorio.	Avere una adeguata **dominanza laterale**, soprattutto nell'uso della mano scrivente.
Avere **una memoria adeguata a livello:** • visivo: copio dalla lavagna • verbale: la parola dettata deve essere ricordata, ripetuta • motorio: ricordare i movimenti per riprodurre la lettera	Avere **abilità visuo-percettive e visuo-spaziali** importanti per la coordinazione motoria, la gestione dello spazio e ricostruzione di gesti funzionali.	Saper pre-vedere cioè **programmare i propri gesti** e il proprio corpo per modulare forza, velocità, pressione e ordine spaziale attraverso le esperienze sensomotorie. Indispensabile conoscere le **conseguenze** delle proprie azioni.
	Conoscere le **coordinate topografiche-topologiche** sul piano verticale ed orizzontale, su se stessi e gli altri.	

1

I PREREQUISITI SPAZIO - PERCETTIVI

I PREREQUISITI SPAZIO - PERCETTIVI

I prerequisiti spazio-percettivi rappresentano un insieme di abilità fondamentali che permettono ai bambini, già a partire dalla scuola dell'infanzia e ancor più a 6 anni nella scuola primaria, di organizzare e gestire correttamente lo spazio grafico quando iniziano a scrivere in corsivo. Per poter scrivere bene, infatti, i bambini devono prima saper comprendere concetti spaziali semplici ma essenziali, come *alto e basso*, *sopra e sotto*, *destra e sinistra*. Queste competenze sono indispensabili perché aiutano il bambino a orientare il gesto grafico sul foglio, favorendo l'ordine, la leggibilità e la fluidità della scrittura.

Come sottolinea la pedagogista Daniela Lucangeli, l'*organizzazione dello spazio* sul foglio non riguarda soltanto la qualità della grafia, ma è strettamente collegata anche all'*organizzazione del pensiero*: un bambino che ha difficoltà nel riconoscere le direzioni o nel posizionare correttamente le lettere avrà infatti anche maggiori difficoltà a organizzare le sue idee e i suoi pensieri. Per questo motivo, già durante l'ultimo anno della scuola dell'infanzia, e poi soprattutto in prima elementare, è fondamentale dedicare molto tempo a consolidare queste abilità spazio-percettive con attività ludiche ed esercizi specifici che coinvolgono tutto il corpo.

Un esempio concreto da poter applicare facilmente in classe è il gioco della "*freccia guida*". In questo gioco, l'insegnante disegna sul pavimento delle frecce colorate che indicano varie direzioni.

A turno, ogni bambino dovrà camminare seguendo il percorso tracciato, *verbalizzando* ad alta voce la direzione che sta prendendo: «vado avanti, ora giro a destra, adesso indietro e poi sinistra». In questo modo, il bambino impara a gestire le direzioni e lo spazio partendo da una situazione reale e concreta, prima ancora che dal foglio di carta.

Un'altra attività molto utile consiste nel chiedere ai bambini di **disegnare semplici percorsi su grandi fogli** o lavagne. Ad esempio, con il gioco "aiutiamo la farfalla ad arrivare al fiore", il bambino dovrà tracciare una linea precisa dal punto di partenza al punto d'arrivo, evitando ostacoli disegnati dall'insegnante. Questo esercizio, oltre a essere divertente, aiuta il bambino a migliorare la capacità di controllo del gesto e la percezione dello spazio bidimensionale.

A livello più specifico per la scrittura in corsivo, è possibile proporre esercizi di orientamento spaziale, come quello della "**lettera nascosta**". In classe, l'insegnante può fornire ai bambini delle schede operative in cui diverse lettere corsive sono nascoste dentro figure geometriche o disegni. Il compito dei bambini sarà quello di individuare e colorare soltanto le lettere posizionate, per esempio, nella parte superiore del foglio, oppure quelle orientate verso sinistra, rinforzando così la percezione spaziale e la capacità di discriminazione visiva.

Anche Régine Zekri-Hurstel sostiene che esercizi di questo tipo contribuiscono a rafforzare le *connessioni neuronali* che regolano la percezione dello spazio e la *coordinazione occhio-mano*, competenze indispensabili per l'apprendimento della scrittura e della lettura.

Per tutte queste motivazioni, consolidare *precocemente* le abilità spazio-percettive permette ai bambini di acquisire sicurezza e fluidità nel successivo apprendimento della scrittura corsiva, sostenendoli non solo nella precisione del gesto grafico, ma anche nello sviluppo globale delle loro capacità cognitive e relazionali.

MINI-PROGRAMMA OPERATIVO

Fase	Attività proposta	Scopo principale
1	Tracciare linee e percorsi semplici	Coordinazione oculo-manuale e direzionalità
2	Seguire percorsi tematici con immagini	Motivazione + attenzione spaziale
3	Esercizi sugli indicatori spaziali	Consapevolezza relazionale (sopra/sotto, ecc.)
4	Labirinti e simmetrie	Pianificazione, memoria visiva, orientamento
5	Alternare formati (cartaceo e digitale)	Favorire adattamento e flessibilità metodologica

Schede operative pag.4 vai al download con QR.

2

LO SCHEMA CORPOREO, PREREQUISITO FONDAMENTALE

LO SCHEMA CORPOREO, PREREQUISITO FONDAMENTALE

Lo schema corporeo è una delle competenze fondamentali che i bambini devono sviluppare per apprendere correttamente la scrittura a mano, soprattutto nella scuola primaria. Esso rimanda alla capacità del bambino di percepire, conoscere e controllare il proprio corpo nello spazio. Questa consapevolezza permette al bambino di organizzare e pianificare meglio il movimento della mano e delle dita durante la scrittura, facilitando così l'apprendimento del corsivo.

Come spiega il noto psicomotricista Bernard Aucouturier, il bambino prima di scrivere deve *saper percepire sé stesso nello spazio* che lo circonda e deve saper controllare il movimento del proprio corpo, a partire da quello più ampio e generale (ad esempio camminare, saltare, girare) fino a quelli più precisi e raffinati (come impugnare correttamente una matita e guidarla con precisione). Sarebbe corretto dire perciò che si scrive con tutto il corpo e non solo con la mano.

La neurofisiologia conferma questo legame: quando un bambino scrive, infatti, non utilizza soltanto la mano e le dita, ma richiama anche tutte le informazioni che provengono dal suo corpo, dagli occhi e dalla memoria. Questo processo coinvolge attenzione, memoria visiva, capacità organizzative e di pianificazione motoria.

Per quanto riguarda *l'attenzione*, durante un esercizio di scrittura in classe, ad esempio, un bambino deve mantenere alta la concentrazione per ricordare come tracciare ciascuna lettera in sequenza.

Un esempio pratico può essere quello del gioco dello "Specchio", in cui due bambini lavorano in coppia: uno compie un semplice movimento (alzare un braccio, disegnare un cerchio nell'aria) e l'altro, che funge da specchio, deve imitare esattamente il gesto visto. Questo esercizio divertente, spesso utilizzato nelle attività psicomotorie, aiuta il bambino a focalizzare l'attenzione, migliorando così la concentrazione necessaria nella fase successiva della scrittura.

La *memoria visiva* è altrettanto importante: un bambino che scrive a mano, infatti, deve ricordare la forma precisa delle lettere. Un esempio semplice che un insegnante può proporre in classe è il gioco "Fotografa con gli occhi": il docente mostra ai bambini una lettera scritta in corsivo su una scheda per alcuni secondi, poi la copre, e chiede ai bambini di riprodurre la lettera a memoria.

Questo esercizio rafforza la memoria visiva e facilita la successiva riproduzione delle lettere nel gesto grafico.

Le *capacità organizzative e di pianificazione*, infine, riguardano la capacità del bambino di immaginare e pianificare in anticipo i movimenti necessari a completare un gesto, per esempio tracciare una lettera in corsivo sul foglio. Dal punto di vista della *cinematica*, scienza che studia i movimenti del corpo, sappiamo che scrivere è un gesto complesso che prevede molti passaggi mentali e motori. Per esempio, un'attività utile in classe è quella delle "lettere a terra": sul pavimento si disegnano grandi forme, lettere o percorsi colorati con linee curve e rette, e i bambini dovranno camminarci sopra lentamente, anticipando ogni passo. Questo gioco aiuta il bambino a capire come pianificare il proprio gesto in anticipo, favorendo così un movimento più fluido e coordinato quando scriverà sul foglio.

Secondo Jean Le Boulch, neurofisiologo e psicocinetista, queste attività preparatorie attraverso l'esperienza corporea diretta creano delle vere e proprie "tracce motorie" nel cervello del bambino, facilitando poi l'esecuzione del gesto grafico fine della scrittura corsiva.

Perciò, allenare i bambini a prendere consapevolezza del proprio schema corporeo, migliorare la loro attenzione, memoria visiva e capacità organizzative, fin dalla scuola dell'infanzia è fondamentale per accompagnarli verso una scrittura corsiva fluida, sicura e piacevole. Se l'apprendimento della scrittura passa attraverso momenti di gioco e scoperta queste abilità possono essere facilmente rinforzate.

Schede operative pag. 10 vai al download con QR.

COSA E' NECESSARIO PER POTER SCRIVERE?

La cinematica ci aiuta a capire con chiarezza quali sono i passaggi motori e mentali che un bambino deve compiere per scrivere in corsivo o, più in generale, per scrivere a mano.

Quando un bambino decide di scrivere una parola sul foglio, prima di tutto il suo cervello deve richiamare alla memoria la forma visiva della lettera che vuole scrivere. Questo è il primo passaggio mentale: immaginare con chiarezza come appare la lettera. Subito dopo, entra in gioco la fase di pianificazione motoria, cioè il bambino deve mentalmente prepararsi a compiere il movimento che serve a disegnare quella lettera sul foglio. In altre parole, deve scegliere come muovere la mano, decidendo esattamente da quale punto del foglio iniziare, in quale direzione muovere la matita e quando fermarsi o cambiare direzione.

Questi passaggi avvengono in pochissimi istanti e precedono il gesto vero e proprio. Una volta avviato il movimento, il cervello manda ai muscoli del braccio, della mano e delle dita le istruzioni precise su come comportarsi. Il movimento, nella scrittura corsiva, deve essere fluido e continuo, con pause solo nel momento in cui si conclude una parola o si lascia lo spazio per iniziarne un'altra. Durante tutta la fase di scrittura, inoltre, gli occhi seguono attentamente la punta della matita per controllare che la mano stia compiendo il movimento giusto. In questa fase, chiamata "controllo visuo-motorio"; il bambino confronta continuamente ciò che vede con ciò che aveva immaginato, correggendo eventuali errori e aggiustando il gesto se necessario.

- Infine, il cervello registra questo movimento appena compiuto: più un bambino scrive e più si crea una memoria motoria che lo aiuterà in futuro a scrivere in modo più facile e automatico.

È come quando si impara ad andare in bicicletta: all'inizio bisogna pensare a ogni singolo movimento, ma dopo aver fatto tanta pratica, non serve più riflettere su cosa fare perché il cervello ricorda automaticamente come si fa.

In sintesi, secondo la cinematica, scrivere significa compiere una sequenza ordinata di passaggi mentali e motori che comprendono:
- **Ricordare** mentalmente la forma della lettera;
- **Pianificare** il movimento prima di iniziare;
- **Iniziare** e proseguire il gesto motorio in modo fluido e coordinato;
- **Controllare** costantemente con gli occhi il movimento della mano e correggere eventuali errori;
- **Memorizzare** gradualmente questi movimenti fino a farli diventare automatici.

GIOCHI PER L'ATTENZIONE VISIVA

1. "Fotografa con gli occhi" le lettere in corsivo.
Disegna sulla lavagna (o mostra su un cartoncino) una lettera corsiva per pochi secondi, poi coprila. Chiedi ai bambini di riprodurre la forma a memoria prima col braccio in aria e poi sul proprio quaderno. Man mano che migliorano, puoi aumentare la difficoltà mostrando due o tre lettere in sequenza, sempre mantenendo tempi brevi di osservazione (3–5 secondi).
Perché funziona: costringe i piccoli a fissare nella mente la forma della lettera, allenando la loro capacità di trattenere le immagini visive e poi tradurle nel gesto grafico.

2. Memory
Prepara un set di carte: su ciascuna scrivi una parola breve in corsivo (per esempio "sole", "cane", "albero"). Disponile coperte sul tavolo. I bambini, a turno, scoprono due carte cercando di abbinare le due scritte uguali. Quando trovano la coppia, devono riscrivere la parola sul proprio quaderno in corsivo senza sbagliare.
Perché funziona: il gioco classico del Memory orientato alle parole aiuta a memorizzare la forma delle singole lettere e la sequenza di tracciatura all'interno di una parola, rinforzando sia la memoria visiva sia il riconoscimento rapido dei segni grafici.

3. "Labirinto delle lettere nascoste"
Su un foglio grande o una lavagna, crea un labirinto o un percorso fatto di linee curve e spezzate che formano, nascoste lungo il tracciato, alcune lettere in corsivo. I bambini devono seguire il percorso con un dito o un pennarello, individuare ogni lettera e riprodurla subito dopo su un quaderno. Perché funziona: l'attività combina il movimento con l'osservazione attenta, costringendo a

ricordare forme complesse mentre si esegue un compito motorio, proprio come avviene quando si scrive a mano.

4. Schede "Aguzza la vista"

Prepara due versioni di una stessa breve frase in corsivo (per esempio "Il gatto salta"), alterando leggermente alcune lettere nella seconda copia (dimensione, inclinazione, connessione). I bambini devono individuare tutte le differenze e correggerle riscrivendo la frase correttamente.

Perché funziona: il confronto ravvicinato tra due versioni stimola la memoria visiva di dettaglio, abituando gli alunni a "vedere" e a ricordare esattamente come devono apparire le lettere e i loro tracciati.

5. "Caccia al tesoro letterosa!" in aula o all'aperto.

Nascondi in giro per la classe o nel cortile piccole carte con singole lettere corsive. Fornisci ai bambini una lista (in stampato o in corsivo) delle lettere da trovare. Quando ne trovano una, devono portarla al banco e riscriverla correttamente prima di andare a cercarne un'altra.

Perché funziona: il gioco unisce movimento, orientamento nello spazio e richiamo immediato dell'immagine delle lettere, ricreando nel cervello la coordinazione fra percezione visiva e azione motoria.

6. "Quiz and go" in cerchio

I bambini siedono in cerchio e l'insegnante mostra velocemente (1-2 secondi) sul tablet una parola o una breve frase in corsivo. Subito dopo, chiede a un alunno di alzarsi e scriverla alla lavagna. Si prosegue, aumentando gradualmente la lunghezza delle parole.

Perché funziona: la pressione del tempo breve e il coinvolgimento attivo del gruppo stimolano l'attenzione visiva e la capacità di memorizzare sequenze complesse, proprio come nei tempi ridotti in cui si compone mentalmente una frase prima di scriverla.

GIOCHI PER CONSAPEVOLEZZA CORPOREA E COORDINAMENTO

Suggerimenti metodologici
- Alternare attività motorie a esercizi di pregrafismo sul foglio per rinforzare il legame corpo-grafia.
- Usare musica per dare ritmo e rendere i movimenti più fluidi.
- Ripetere i giochi ciclicamente, aumentando la complessità.

1. "Il corpo come matita"
Materiale: Nessuno, solo lo spazio dell'aula o palestra.
Come si fa:
- L'insegnante invita i bambini a "scrivere nell'aria" lettere giganti con varie parti del corpo (mano, piede, gomito, testa).
- Variante: lavorare in coppia, con un bambino che "disegna" nell'aria e l'altro che indovina la lettera o forma.
- Obiettivo: Associare movimenti ampi alla forma grafica, rafforzando memoria motoria e spaziale.

2. Percorso motorio "dalla linea al gesto"
Materiale: Nastro adesivo colorato per tracciare linee dritte, curve e zig-zag sul pavimento.
Come si fa:
- I bambini percorrono le linee camminando, poi correndo lentamente, poi saltando a piedi uniti.
- Successivamente riproducono le stesse linee su un foglio, passando dalla dimensione corporea a quella grafica.
- Obiettivo: Trasferire le esperienze motorie ampie nel gesto fine.

3. "Il mimo delle forme"

Materiale: Carte con disegni di forme geometriche, lettere o curve.

Come si fa:
- Un bambino pesca una carta e rappresenta la forma con il corpo.
- Gli altri osservano e poi riproducono la forma graficamente sul quaderno.
- Obiettivo: Lavorare sul riconoscimento visuo-spaziale e sulla memoria visiva attraverso il corpo.

4. Staffetta del gesto grafico

Materiale: Lavagna grande o cartelloni, pennarelli grossi.

Come si fa:
- Dividere la classe in squadre.
- Ogni bambino corre alla lavagna, traccia un tratto di una figura o lettera e passa il turno.
- Vince la squadra che completa la figura in modo più fluido e ordinato.
- Obiettivo: Stimolare coordinamento, velocità e attenzione alla forma.

5. Il gioco delle direzioni

Materiale: Nastro o corde per delimitare aree (alto/basso, destra/sinistra).

Come si fa:
- L'insegnante dà comandi: "Vai in alto a destra", "Vai in basso a sinistra", "Fai un cerchio con le braccia in alto".
- Dopo la parte motoria, far riprodurre sul foglio i movimenti come linee o forme.
- Obiettivo: Rinforzare orientamento spaziale e concetti topologici.

3

I PREREQUISITI DI MANIPOLAZIONE FINE E MOTRICITA'

I PREREQUISITI DI MANIPOLAZIONE FINE E MOTRICITA'

La coordinazione occhio-mano, insieme alla corretta prensione dello strumento grafico (matita, penna o pennarello) e al controllo motorio fine, rappresenta uno dei prerequisiti essenziali per un bambino che comincia ad apprendere la scrittura a mano nella scuola primaria. Si tratta infatti di capacità che vanno allenate fin dai primi anni, preferibilmente già a partire dalla scuola dell'infanzia e nel contesto familiare. A casa infatti i bambini dovrebbero essere incoraggiati a manipolare paste modellabili, travasare fagioli con l'aiuto di un cucchiaio in contenitori di diverse dimensioni, creare bracciali e collane infilando perline in un filo sottile, imparare ad allacciare gradualmente le scarpe, impugnare correttamente le posate. Al giorno d'oggi però l'utilizzo precoce e pervasivo dei device digitali ha fortemente limitato l'esperienza quotidiana che i bambini possono fare con le proprie mani.

Questa coordinazione rimanda alla capacità del bambino di *muovere correttamente la mano secondo ciò che gli occhi vedono e indicano di fare*. Quando un bambino deve tracciare la lettera "o" sul foglio, per esempio, deve guardare *dove cominciare*, osservare attentamente il percorso da compiere e muovere la mano in modo da disegnare esattamente ciò che ha visto per arrivare ad un punto di conclusione.

Come spiega l'esperta in calligrafia Rosemary Sassoon, il segreto di una buona scrittura corsiva è proprio il dialogo costante tra occhio e mano, che devono comunicare continuamente. Sassoon afferma che un esercizio divertente in classe è il gioco del "puntino che corre": si chiede al bambino di seguirlo con una matita, cercando di restare sempre esattamente sopra la linea tracciata.

Quest'attività semplice aiuta a sviluppare l'attenzione visiva, insegnando ai bambini a regolare i movimenti della mano in base a ciò che l'occhio percepisce.

In linea generale comunque l'occhio precede la mano in ogni attività. Ed ecco quindi che risulta particolarmente importante affinchè non ci siano difficoltà nell'apprendimento che ci sia una *"buona salute visiva"*.

La corretta impugnatura dello strumento grafico è altrettanto importante. A sei anni, i bambini all'ingresso della scuola primaria, hanno già acquisito la propria impugnatura poichè essa si fissa all'età di quattro anni. Questo avviene alla scuola dell'infanzia se si è dedicato molto del tempo scolastico all'esperienza della manipolazione di diversi materiali. E' chiaro che l'esperienza in sè non garantisce la corretta impugnatura ma deve essere guidata attraverso attività che potenzino la percezione e la consapevolezza della propria mano e la dissociazione delle varie dita. In questa fase, sperimentando l'uso di entrambe la mani il bambino riesce a comprendere anche qual è la mano più abile decidendo così della propria lateralità. Come ricordano gli psicomotricisti, tra cui il noto Bernard Aucouturier, una prensione sbagliata dello strumento può causare non solo difficoltà nel controllo motorio fine, ma anche tensione muscolare e affaticamento precoce durante la scrittura. In classe, un esercizio pratico molto efficace è il gioco dei chiodini colorati: i bambini devono afferrare piccoli chiodini colorati, usando solo il pollice, l'indice e il medio per inserirli in una griglia bianca. L'obiettivo è disegnare un oggetto o una forma sulla griglia. Questo esercizio rinforza proprio i muscoli delle dita utilizzati nella corretta impugnatura della matita.

Il controllo motorio fine è l'abilità che permette di eseguire con precisione movimenti piccoli e delicati. Perchè si possa sviluppare è necessario aver allenato una corretta *grafomotricità* cioè la *coordinazione globale* del gesto di scrittura: il movimento armonico di spalla, gomito, polso e mano insieme, oltre all'orientamento dello schema corporeo.

Alla base della grafomotricità vi è la maturazione neurologica e motoria di due sistemi: quello *prossimale* che si occupa dei movimenti larghi del braccio e della mano e quello *distale* che controlla invece i movimenti fini della mano. Il passaggio da un sistema all' altro è agevolato da:
- esercizi di distensione e dissociazione dei vari arti coinvolti nell'atto grafico
- il cambiamento di prese transitorie dello strumento grafico in prese mature
- l'appoggio dell'avambraccio e della parte ulnare della mano sul banco.

I prerequisiti grafomotori consistono nelle seguenti abilità:
- gestire in modo adeguato lo spazio-foglio
- riprodurre adeguatamente una forma
- condurre in maniera controllata lo strumento grafico.

La conduzione adeguata dello strumento grafico è strettamente legata ad una postura stabile; se si scrive con tutto il corpo, come sostiene Zerkri-Hurstel, è importante tenere in considerazione l'asse orecchio-occhio-mano-piede per ciò che riguarda la dominanza.

A questo proposito, spesso si incontrano difficoltà nell'apprendimento perchè è presente una dominanza crociata e cioè quando la lateralità per esempio è divisa tra occhio a sinistra e mano a destra o tutte le altre possibili combinazioni con orecchio e piede. Il bambino quindi non è lateralizzato completamente a destra oppure a sinistra. Anche i piedi ben appoggiati a terra si ripercuotono su gambe, appoggio del bacino, colonna cervicale e dorsale. Solo grazie alla stabilità posturale, il gomito, il polso e le dita riescono a compiere i movimenti adeguati di iscrizione (quei piccoli gesti ripetitivi e circolari che servono a costruire la forma delle singole lettere) e progressione (scivolamento dell'avambraccio sul tavolo e apertura della spalla) per scrivere. La consapevolezza dell'occhio dominante incide sull'inclinazione del foglio e l'appoggio del piede oltrechè la posizione (a destra o sinistra di chi guarda) più funzionale della lavagna. Se un bambino è destrimane sarebbe ottimale che avesse la lavagna da cui guardare alla sua sinistra, viceversa se invece il bambino è mancino. Inoltre è utile prestare attenzione ai compagni di banco: un destrimane e un mancino si urterebbero coi gomiti se seduti uno affianco all' altro. In ultimo, ma non per questo meno importante, la possibilità da parte degli arredi scolastici di essere regolati in altezza ed inclinazione dei piani di lavoro, come anche l'orientamento corretto dell' illuminazione, diverso per mancini e destrimani. Gli alunni mancini dovrebbero aver illuminato il foglio di lavoro con la luce da destra, mentre i destrimani da sinistra. Quando un bambino scrive lettere piccole sul quaderno, il controllo motorio fine è fondamentale per tracciare correttamente forme precise, arrotondate e ben definite. Un esempio pratico da realizzare in classe è il gioco del "filo del pescatore": si chiede ai bambini di infilare piccole palline o perline colorate su un filo sottile, concentrandosi bene sul movimento delle dita. Le perline possono essere anche organizzate per colore e travasate in barattoli differenti.

Oppure, ancora, colorare immagini con spazi sempre più piccoli, in modo da stimolare gradualmente la precisione dei movimenti.

Dal punto di vista neurofisiologico, studiosi come il neurofisiologo e psicomotricista Jean Le Boulch evidenziano che esercizi di motricità fine e coordinazione occhio-mano producono vere e proprie "tracce motorie" nel cervello dei bambini: ogni volta che ripetono un gesto grafico, le connessioni nervose si rinforzano, rendendo via via più semplice e naturale scrivere a mano.

Se quindi attraverso semplici esercizi ludici in classe o a casa, gli insegnanti e gli educatori aiutano i bambini a sviluppare queste abilità fondamentali, trasformano il gesto della scrittura in una competenza piacevole, efficace e duratura.

QUANTE E QUALI IMPUGNATURE?

Ecco una panoramica dei principali tipi di impugnatura dello strumento grafico.

IMPUGNATURA	TIPO	STATICA/ DINAMICA	FUNZIONALE/MATURA O TRANSIZIONE
	1. Palmar Supinate Grip PALMARE	Statica	Di transizione: tipica nei primi 1–2 anni di vita, poco funzionale per la scrittura fine
	2. Lateral Tripod Grip TRIPODE	Statica/ dinamica	Transizione: la matita è appoggiata sul dito medio, tra pollice e indice; offre maggiore stabilità ma richiede affinamento
	3. Static Tripod Grip TRIPODE	Statica	Funzionale ma meno efficiente del tripode dinamico; le tre dita mantengono la presa fissa
	4. Dynamic Tripod Grip TRIPODE	Dinamica	Matura e funzionale: il pollice, l'indice e il medio sostengono la matita, permettendo movimenti sottili e fluidi
	5. Quadrupod Grip QUADRIPODE	Dinamica	Transizione/funzionale: quattro dita (pollice, indice, medio e anulare) sostengono la matita, usata da alcuni bambini prima di passare al tripode
	6. Inter-Digital Tripod Grip TRIPODE	Statica/ dinamica	Transizione: la matita è sostenuta tra due dita, spesso indice e medio, con il pollice che regge lateralmente; richiede correzione per diventare efficace

DESCRIZIONE DELLE IMPUGNATURE

1. Palmar Supinate Grip
Si tiene la matita con tutto il palmo rivolto verso l'alto e l'avambraccio ruotato, sostenendo lo strumento quasi a pugno. Compara a un martello in mano. È una presa iniziale, statica e poco funzionale per la scrittura di precisione.

2. Lateral Tripod Grip
La matita riposa passivamente sul dito medio, fissata tra pollice e indice, con il palmo leggermente ruotato verso il basso. Spesso è una fase di transizione: offre stabilità ma limita un po' la fluidità del gesto.

3. Static Tripod Grip
È simile al tripod dinamico, ma le tre dita (pollice, indice, medio) mantengono la presa fissa, muovendo spalla e gomito più che le dita. È funzionale, ma meno efficiente per velocità e precisione.

4. Dynamic Tripod Grip
Ritenuta la presa ideale e più evoluta: pollice e indice formano una "V" che stringe la matita mentre l'anulare poggia leggermente sotto per stabilità. Le dita compiono piccoli movimenti per tracciati precisi. Consente fluidità e controllo, ed è considerata la presa matura.

5. Quadrupod Grip
Quattro dita sorreggono la matita (pollice, indice, medio, anulare), con un appoggio ampio. È una presa di transizione che alcuni bambini adottano prima di affinare il tripode dinamico.

6. Inter-Digital Tripod Grip
La matita è tenuta tra indice e medio, con il pollice a supporto laterale. Spesso temporanea e meno stabile, necessita di un piccolo intervento per evolversi verso il tripode.

CONSOLIDARE LE PRESE IN CLASSE

- Osservazione mirata: durante le prime attività di scrittura, osserva individualmente ogni bambino per identificare la presa.
- Esercizi di rinforzo: per chi usa una presa non funzionale, proponi il gioco del "pescatore" (spostare oggetti piccoli tra contenitori) per rafforzare la prensione pollice-indice.
- Modelli visivi: esponi poster o schede con il tripod dinamico, incoraggiando i bambini a imitare la posizione corretta.
- Supporti ergonomici: utilizza impugnature in gomma da inserire sulle matite per aiutare i primi a mantenere una presa tripode.

SCELTA E USO CORRETTO DI STRUMENTI

Perché la scelta degli strumenti è fondamentale

La qualità della scrittura in corsivo nella scuola primaria non dipende solo dall'abilità del bambino o dalla metodologia didattica, ma anche dalla qualità e adeguatezza degli strumenti utilizzati. Una penna troppo scivolosa, una matita troppo dura o una rigatura inadeguata possono compromettere postura, pressione sul foglio e leggibilità.

1. Rigature – scegliere in base all'età e al livello

Le rigature guidano lo sviluppo del gesto grafico, aiutando a mantenere proporzioni e inclinazione. Per i bambini con difficoltà visuo-spaziali, scegliere rigature a contrasto alto o con colori guida.

Classe / Età	Rigatura consigliata	Caratteristiche	Obiettivo
1ª primaria (inizio)	Rigatura A	Riga alta con tre sotto-righe colorate e margine	Abituare a collocare le lettere nei corretti spazi verticali
1ª primaria (metà)	Rigatura B	Riga media con sotto-righe meno marcate	Consolidare proporzioni e legature
2ª primaria	Rigatura C	Riga più bassa e uniforme	Favorire la fluidità del gesto
3ª primaria in poi	Rigatura Q o senza righe	Riga semplice o foglio bianco	Sviluppare autonomia e personalizzazione

2. Matite – il primo strumento del gesto grafico

- Forma: triangolare per facilitare la presa a tre dita (tripode).
- Mina: durezza HB o B (morbida) per un tratto fluido senza eccessiva pressione.
- Lunghezza: non troppo lunga per evitare squilibri posturali (12–15 cm per mani piccole).
- Accessori utili: gommini impugnatori per correggere la presa nei primi mesi.

3. Penne – quando e come introdurle

- Quando: in genere dalla metà della 1ª primaria, dopo aver consolidato il gesto in matita.
- Tipologia consigliata:
    - Roller a inchiostro liquido con tratto medio (0,5–0,7 mm) per scorrevolezza.
    - Penne cancellabili per i primi approcci, così da ridurre l'ansia da errore.
- Evitare penne a sfera dure nei primi mesi: richiedono troppa pressione e irrigidiscono il gesto.
- Impugnatura: verificare costantemente che resti corretta anche con il passaggio alla penna.

4. Altri materiali utili

- Quaderni con margini ben visibili e carta opaca (80–90 g/m²) per evitare sbavature.
- Tavolette inclinate (leggio da scrittura) per favorire una postura corretta e ridurre l'affaticamento visivo.
- Matite colorate per esercizi di pregrafismo e attività di discriminazione visiva.
- Pennarelli a punta fine per esercizi di precisione o calligrammi motivazionali.

5. Errori comuni da evitare

- Usare penne troppo scorrevoli all'inizio: il bambino perde il controllo del gesto.
- Proporre rigature troppo strette in fase iniziale: aumenta la frustrazione. A questo proposito è disponibile una rigatura doppia nello stesso quaderno, utile nei primissimi esercizi del corsivo. Nella facciata di sinistra è disponibile molto ampia, mentre in quella di destra si ridimensiona, in modo da fornire maggiore spazio di tracciamento e visibilità.
- Sottovalutare il ruolo dell'impugnatura: un'abitudine scorretta è difficile da correggere dopo i 7 anni, se non con un percorso di rieducazione ad hoc.

Quaderno con rigatura doppia a dimensioni più ampie.

4

I PREREQUISITI DI COGNITIVI

I PREREQUISITI COGNITIVI

L'attenzione, la memoria visiva, la capacità organizzativa e la pianificazione del gesto sono altre abilità chiave per apprendere la scrittura a mano, specialmente nella scuola primaria. Se stimolate fin dai primi anni, in modo giocoso e coinvolgente, fanno sentire il bambino *protagonista del suo apprendimento*.

Secondo la pedagogista Daniela Lucangeli, l'attenzione nei bambini non è costante, ma fluttua naturalmente. Per questo motivo è importante saperla catturare con attività varie, colorate, divertenti e, soprattutto, brevi e ben organizzate. Una buona strategia, sostenuta anche dal neurofisiologo Jean Le Boulch, è quella di alternare attività che richiedono concentrazione visiva e motoria con brevi momenti di rilassamento e movimento corporeo.

Un esempio pratico è l'attività della "lettera musicale". In classe, puoi proporre ai bambini di tracciare lettere grandi nell'aria seguendo il ritmo di una musica allegra, scegliendo melodie brevi e semplici da seguire. Puoi alternare musica e silenzio: quando la musica si ferma, anche i bambini devono fermare il gesto e restare immobili. Quando riparte la musica, riprendono a disegnare la lettera. Questa attività cattura immediatamente l'attenzione dei bambini e aiuta a consolidare la memoria visiva, perché il ritmo musicale li spinge a ricordare la forma della lettera da tracciare.

Per stimolare la memoria visiva, Rosemary Sassoon suggerisce esercizi come il gioco del "corsivo misterioso". Mostra ai bambini per pochi secondi una parola in corsivo su un cartoncino, poi coprila e chiedi loro di riscriverla sul foglio a memoria. Per renderla ancora più interessante, puoi abbinare ogni parola a un suono: per esempio, mostra la parola "mare" accompagnata dal suono delle onde e la parola "gatto" dal suono del miagolio. Così facendo, la memoria visiva viene stimolata insieme alla memoria uditiva, rafforzando ulteriormente la capacità di ricordare.

La capacità organizzativa e di pianificazione del gesto, cioè saper prevedere e gestire mentalmente come svolgere un compito prima di eseguirlo, può essere allenata in modo efficace con il gioco del "percorso della lumaca". In classe o all'aperto, traccia un percorso sul pavimento con nastri colorati o gessetti. I bambini, uno alla volta, devono osservare prima tutto il percorso, decidere mentalmente i passi che faranno, e solo dopo percorrerlo fisicamente. Per aiutarli nella pianificazione, dai indicazioni verbali chiare e precise come: «Cammina piano, gira a destra, fermati, vai avanti fino al cerchio blu». Questo tipo di attività, raccomandata dal neurofisiologo Alain Berthoz, favorisce l'organizzazione spaziale e la capacità di prevedere e anticipare i movimenti, competenze fondamentali anche quando scriveranno sul foglio.

Infine, per tenere alta l'attenzione e coinvolgere attivamente i bambini durante attività di scrittura che richiedono un impegno più lungo (come copiare brevi frasi in corsivo), puoi inserire momenti sonori intermittenti. Ad esempio, usa un piccolo campanello o un suono lieve di triangolo per segnalare l'inizio e la fine del tempo dedicato alla scrittura. Questo semplice trucco crea aspettativa, mantiene viva l'attenzione e struttura il tempo, aiutando i bambini a non stancarsi.

Anche secondo la neurologa Régine Zekri-Hurstel, integrare esperienze sensoriali diverse – visive, uditive e motorie – durante l'apprendimento favorisce la creazione di connessioni cerebrali più ricche e durature, rendendo il percorso di apprendimento della scrittura manuale non solo più efficace, ma anche piacevole e gratificante per tutti i bambini.

SUGGERIMENTI PER MONITORARE IL PROGRESSO COGNITIVO ATTRAVERSO CHECKLIST E OSSERVAZIONI SISTEMATICHE

Nel percorso di apprendimento della scrittura corsiva, la valutazione non deve basarsi unicamente sul prodotto finale (la pagina scritta), ma anche sul processo cognitivo che il bambino mette in atto: attenzione, memoria, organizzazione spaziale, controllo motorio.

L'osservazione sistematica e l'uso di checklist consentono all'insegnante di:

- Individuare precocemente difficoltà o regressi.
- Tarare il percorso didattico sugli effettivi bisogni della classe o del singolo.
- Documentare progressi per eventuali colloqui con le famiglie o specialisti.

Elementi da osservare

1. Attenzione e concentrazione
    - Mantiene il focus per tutta l'attività?
    - Riesce a riprendere il lavoro dopo una distrazione?
2. Memoria visiva e motoria
    - Ricorda la sequenza di tratti per formare una lettera?
    - Riproduce correttamente le forme apprese nei giorni precedenti?
3. Organizzazione spaziale
    - Colloca correttamente le lettere sul rigo?
    - Mantiene proporzioni e spaziatura?

4. Coordinazione occhio-mano
- Il tratto è fluido o interrotto?
- Riesce a mantenere la direzione prevista?

5. Motivazione e sicurezza
- Si approccia all'attività con fiducia?
- Mostra piacere e soddisfazione nel completare il compito?

Suggerimenti pratici per un'osservazione efficace
- Stabilire momenti fissi di osservazione (es. una volta a settimana su un campione di 5–6 alunni).
- Usare codici semplici (✓, ✗, ↗) per segnare rapidamente le osservazioni.
- Integrare note qualitative accanto ai punteggi numerici.
- Confrontare i dati ogni mese per valutare i miglioramenti e ricalibrare le attività.
- Archiviare le schede per costruire un diario di apprendimento del gruppo classe.

Uso dei dati raccolti
- Identificare aree di forza da valorizzare e aree di miglioramento su cui intervenire con attività mirate.
- Comunicare ai genitori non solo i risultati finali, ma anche i progressi nei processi cognitivi che sostengono la scrittura.
- Integrare i dati in UDA e piani personalizzati per alunni con BES o DSA.

Checklist di Osservazione – Scrittura Corsiva

Nome alunno: _____ Classe: _____ Data: ___ / ___ / ___

Indicatore	Sempre (3)	Spesso (2)	Raramente (1)	Note
Mantiene l'attenzione per tutta l'attività				
Ricorda la sequenza di tratti per formare una lettera				
Mantiene corretta posizione delle lettere sul rigo				
Controlla la pressione sul foglio				
Mostra motivazione e piacere nella scrittura				

Osservazioni qualitative:

Elenco di brani utili alla concentrazione durante le attività

Brano	Artista/Compositore	BPM approx.	Perché funziona
"Spring – Allegro"	Antonio Vivaldi	75	Ritmo vivace ma regolare, aiuta a mantenere il flusso del gesto senza stress.
"The Aquarium" (da "Carnival of the Animals")	Camille Saint-Saëns	70	Linee melodiche misteriose e morbide, stimolano la curiosità visiva e motoria.
"Morning Mood"	Edvard Grieg	68	Tono dolce e pieno di luce, favorisce uno stato di calma attiva.
"Dance of the Sugar Plum Fairy"	Pëtr Il'ič Čajkovskij	78	Contrasti timbrici e ritmo saltellante incoraggiano l'attenzione e la precisione del tratto.
"Over the Rainbow" (strumentale)	Harold Arlen (interpretazioni jazz leggere)	72	Melodia familiare e rassicurante, aiuta a fissare con piacevolezza la memoria visiva.
"Can't Stop the Feeling!" (strumentale leggero)	Justin Timberlake (cover strumentale)	80	Moderno, allegro e accessibile: mantiene alto il coinvolgimento senza distrarre.

PERCHE' QUESTI BRANI FUNZIONANO IN CLASSE

- Ritmo regolare a 60-80 BPM.
- Questo intervallo favorisce l'entrainment delle onde alfa, un'onda cerebrale "di mezzo" fra il sonno leggero e la veglia frenetica, ideale per un'attenzione rilassata ma presente.
- Melodie semplici e riconoscibili.
- Quando i bambini già conoscono o percepiscono presto la struttura del brano, non investono risorse cognitive nel "decifrarlo" e possono concentrarsi meglio sul compito di scrittura.
- Timbri medi, senza eccessi di bassi o acuti.
- Un buon bilanciamento tonale riduce l'affaticamento uditivo, mantenendo il fonendoscopio interiore del bambino libero di seguire il proprio gesto grafico.
- Durata di 3-5 minuti per traccia.
- Alternare spezzoni di 3-5 minuti mantiene viva l'attenzione, evitando la noia o il sovraccarico sensoriale.

COME USARLI IN CLASSE

1. **Momenti di avvio:** all'inizio della lezione di corsivo, lancia il brano scelto per segnalare il "momento di scrittura".
2. **Blocchi di lavoro**: fissa blocchi di 5-7 minuti di scrittura intervallati da brevi pause di movimento o rilassamento.
3. **Rinforzo uditivo**: abbina suoni di campana o piccoli xilofoni per segnare l'inizio e la fine di ogni intervallo musicale.
4. **Feedback tattile**: invita i bambini a toccare leggermente un piccolo tamburello o maracas quando sentono il cambio di sezione musicale, stimolando più aree sensoriali insieme.

Con questi accorgimenti, la musica diventa uno strumento coadiuvante che, supportando le onde cerebrali giuste e mantenendo alto il coinvolgimento, favorisce la concentrazione e rende più piacevole l'apprendimento della scrittura manuale.

5

I PREREQUISITI LINGUISTICI E FONOLOGICI

I PREREQUISITI LINGUISTICI E FONOLOGICI

I prerequisiti linguistici e fonologici sono quelle capacità fondamentali che consentono ai bambini di distinguere i suoni di una lingua, associarli correttamente ai segni grafici (le lettere) e iniziare quindi a leggere e scrivere. La competenza linguistica riguarda la capacità di capire e usare le parole per comunicare, mentre la competenza fonologica indica la capacità di riconoscere e distinguere chiaramente i singoli suoni (chiamati fonemi) che compongono le parole. Queste due abilità rappresentano la base indispensabile per imparare a scrivere correttamente. Secondo la logopedista Tiziana Rossetto, i bambini, specialmente intorno ai 6 anni, devono essere accompagnati a scoprire che una parola come "mare" è composta da singoli suoni (m-a-r-e). Questa consapevolezza si chiama proprio "consapevolezza fonologica" e deve essere sviluppata già prima di imparare formalmente a scrivere. Un' altra riflessione invece è da avviare per quanto riguarda il metodo di letto-scrittura scelto da ogni insegnante.
Oggi la realtà scolastica è spesso multilingue e multiculturale. Molti bambini arrivano in classe parlando una lingua diversa dall'italiano o magari più di una. In questo caso, la capacità di percepire e riprodurre chiaramente i suoni della nuova lingua può risultare più complessa. Secondo la linguista Graziella Favaro, che si occupa da anni di bilinguismo nelle scuole italiane, solitamente un bambino inserito in modo immersivo nel contesto scolastico italiano riesce a familiarizzare con i principali suoni e parole entro circa 6 mesi, acquisendo un buon livello di comprensione orale entro il primo anno.

Per aiutare i bambini a superare più velocemente queste diversità linguistiche, gli insegnanti possono utilizzare piccoli stratagemmi pratici da applicare direttamente in classe. Questi sono alcuni esempi semplici e divertenti:

- Giochi fonologici di gruppo: ad esempio, il gioco della "valigia magica": ogni bambino deve nominare una parola in italiano che inizia con lo stesso suono (ad esempio: mela, mano, mare), aiutando così a rafforzare il riconoscimento fonologico divertendosi.
- Filastrocche e canzoncine ritmate: secondo la logopedista Anna Biavati-Smith, le filastrocche e le canzoni semplici e ripetitive favoriscono la familiarizzazione rapida con la lingua e la percezione dei suoni della nuova lingua. Una filastrocca semplice come "Ambarabà ciccì coccò" o canzoncine come "Nella vecchia fattoria" aiutano il bambino a percepire e ripetere suoni tipici della lingua italiana.
- Cartelloni visivi multilingue: in classe è possibile appendere grandi cartelloni con immagini e parole scritte in italiano e, accanto, nella lingua madre dei bambini stranieri presenti. Questo favorisce la percezione immediata delle differenze e similitudini tra le lingue e crea ponti comunicativi rassicuranti per gli alunni.
- Gestualità e mimica facciale: abbinare i suoni alle espressioni facciali o a semplici gesti aiuta i bambini non italofoni a intuire il significato delle parole, facilitando la comunicazione e rendendo l'apprendimento della nuova lingua più naturale e piacevole.

Oltre a ciò, è importante coinvolgere anche le famiglie, dando loro alcuni suggerimenti pratici da applicare a casa per favorire una rapida familiarizzazione del bambino con la lingua italiana. Ad esempio:

- Guardare cartoni animati e video brevi in italiano: cartoni come "Pimpa", "Peppa Pig" o "Topo Tip" sono perfetti per l'apprendimento, perché offrono un linguaggio semplice, chiaro e ripetitivo.

- **Ascoltare canzoncine** per bambini in italiano: le famiglie possono ascoltare insieme al bambino canzoncine educative su YouTube o piattaforme musicali, come quelle di "Zecchino d'Oro", aiutando così il bambino ad assorbire con naturalezza i suoni della lingua.
- **Libri illustrati** e piccoli albi: consigliare ai genitori di leggere insieme ai bambini libri illustrati in italiano, mostrando le immagini mentre pronunciano chiaramente le parole, favorisce un apprendimento rapido e sereno.

Secondo Daniela Lucangeli, un approccio multisensoriale, che coinvolga vista, udito e movimento, aiuta i bambini a sviluppare meglio la memoria fonologica e linguistica.

Si può dire perciò che affrontare i prerequisiti linguistici e fonologici nella scuola primaria significa prestare attenzione non solo alla corretta percezione dei suoni e delle lettere, ma anche valorizzare la diversità linguistica e culturale presente in classe. Il contesto scolastico immersivo, unito al coinvolgimento attivo e consapevole delle famiglie, rende questo apprendimento una fase ricca e positiva nella vita di ogni bambino.

Schede operative pag. 18 vai al download con QR

QUALE METODO PER LA LETTO-SCRITTURA?

In Italia, così come in molti altri sistemi scolastici, coesistono tre approcci principali all'insegnamento della scrittura e della lettura:

1. **Metodo globale**
Partendo dalla "visione d'insieme" della parola, questo approccio invita il bambino a memorizzare la forma grafica completa di ciascun termine senza scomporlo nei suoi suoni o sillabe. In classe si propone, per esempio, di leggere direttamente parole intere appese alla lavagna ("casa", "scuola", "gioco"), senza lavorare prima sul singolo fonema o sulla sillaba. Sebbene il metodo globale possa risultare rapido nelle fasi iniziali, numerose ricerche hanno mostrato che, in lingue come l'italiano – caratterizzate da un'ortografia molto regolare – l'apprendimento basato sul riconoscimento globalizzato delle parole si traduce spesso in difficoltà di decodifica e di spelling quando i bambini incontrano termini nuovi o più complessi.
(Read Com Journal di Ricerca Sociale)

2. **Metodo sillabico**
Il sillabico si concentra inizio sulle unità intermedie tra parola e fonema, ossia le sillabe. In pratica, dopo aver mostrato ai bambini come "ca–sa" formi "casa", si insegna a riconoscere e a combinare le sillabe per costruire parole. Questo approccio facilita l'avvio, perché la sillaba è più ampia di un singolo suono e ha spesso un valore più riconoscibile per i piccoli. Tuttavia, studi longitudinali su sistemi ad ortografia trasparente (come l'italiano) hanno dimostrato che, pur essendo più efficace del globale, il metodo sillabico rimane meno potente rispetto a quello che lavora sui singoli fonemi e sulla loro corrispondenza grafema-fonema.
(JSTOR Read Com).

3. **Metodo fono-sillabico** (o fonico-alfabetico)
Considerato ormai "gold standard" dalla maggior parte delle linee guida internazionali, questo modello parte dal suono (fonema) e insegna al bambino a collegarlo al segno grafico corrispondente (grafema), procedendo in modo sistematico e progressivo.
Dal singolo suono ("/c/"), si passa a sillabe semplici ("ca", "co", "cu") e poi a parole intere ("casa", "colle", "cuoco"). Un ampio esperimento condotto in Italia ha confermato che un approccio fonico-sillabico, esplicito e sistematico, produce miglioramenti significativi sia nella lettura sia nello spelling, rispetto ai metodi globali o puramente sillabici
(Journal di Ricerca SocialeLiteracy Europe).

Quale metodo restituisce risultati migliori?
Le evidenze più recenti, raccolte anche in ambienti a ortografia trasparente come quello italiano, indicano con chiarezza che il metodo fono-sillabico restituisce i risultati più stabili e duraturi. Anche diverse ricerche in contesti anglofoni e di seconda lingua mostrano costantemente come l'insegnamento esplicito dei suoni e delle corrispondenze grafema-fonema migliori non solo la velocità di decodifica, ma anche la precisione nello spelling e la comprensione del testo.
(The Guardian).

Quindi la ricerca è concorde sull'efficacia superiore del modello fonico-sillabico: un itinerario che parte dal suono, passa per la sillaba e conduce alla parola, garantendo a ogni bambino gli strumenti per affrontare con sicurezza anche i vocaboli più complessi e nuovi.

6

STABILITA' EMOTIVA E MOTIVAZIONE NELLA SCRITTURA MANUALE

STABILITA' EMOTIVA E MOTIVAZIONE NELLA SCRITTURA MANUALE

La gestione delle difficoltà emotive e motivazionali legate alla scrittura è un tema molto importante per gli insegnanti della scuola primaria, perché imparare a scrivere non è soltanto una questione di tecnica e precisione motoria, ma è anche un'esperienza emotiva significativa per ogni bambino. Molti bambini, specialmente a 6 anni, possono sentirsi frustrati, scoraggiati o poco motivati di fronte alle prime difficoltà nella scrittura a mano. Come ci ricorda Daniela Lucangeli, le emozioni che un bambino sperimenta mentre apprende possono influenzare profondamente la sua motivazione e il successo scolastico.

In classe, è fondamentale che l'insegnante riconosca queste difficoltà emotive e intervenga in modo rassicurante e positivo. Una buona strategia suggerita anche dallo psicologo Alberto Pellai è quella di creare momenti frequenti di gratificazione e successo per ogni bambino, in modo che l'apprendimento della scrittura diventi un'esperienza piacevole e incoraggiante.

Ecco alcune attività pratiche da usare direttamente in classe per superare queste difficoltà emotive e motivazionali:

Attività di rinforzo positivo:
- "Il libro delle lettere felici": ogni bambino ha un piccolo quaderno personale in cui scrive, disegna e colora ogni lettera imparata. Quando il bambino riesce a scrivere bene una lettera o una parola, riceve una faccina sorridente o un piccolo adesivo colorato. Questo rinforzo visivo positivo gratifica e incoraggia, riducendo la frustrazione emotiva.

- "Scrivere una lettera all'amico segreto": proponi ai bambini di scrivere piccole frasi gentili ai compagni. Ricevere un messaggio positivo aumenta la motivazione, rende la scrittura significativa, e crea emozioni positive nella classe.

Uso del movimento corporeo per superare ansia e tensione:
- "Lettere nell'aria": i bambini scrivono le lettere grandi nell'aria usando tutto il braccio e il corpo. Questo aiuta a ridurre l'ansia e la tensione accumulata durante la scrittura sul foglio. Secondo la pedagogista e psicomotricista Nicoletta Costa, associare il movimento corporeo all'attività grafica favorisce il rilassamento e rende più piacevole l'esperienza della scrittura.

Riduzione dell'ansia da prestazione:
- "Il gioco degli errori buffi": invita i bambini a cercare di individuare piccoli errori scritti intenzionalmente dall'insegnante, trasformandoli in situazioni divertenti e leggere. Questo metodo alleggerisce la pressione e insegna loro che gli errori fanno parte dell'apprendimento.

Suggerimenti pratici per le famiglie da attuare a casa:
- "Bacheca dei successi": suggerisci ai genitori di appendere a casa, in un luogo ben visibile, i fogli in cui il bambino scrive bene o fa un disegno particolarmente bello. Questo crea una forte motivazione positiva e rinforza l'autostima del bambino, come consigliato dalla psicologa dell'età evolutiva Silvia Vegetti Finzi.
- "La favola della buonanotte scritta insieme": proponi ai genitori di scrivere una piccola frase insieme al bambino ogni sera, ad esempio prima di andare a dormire, creando un piccolo rituale rassicurante e piacevole. Questo momento crea un legame emotivo positivo con l'esperienza della scrittura, trasformandola in un'occasione affettiva oltre che educativa.

Uso della musica o di elementi sonori:
- Musica rilassante durante la scrittura: durante i momenti di scrittura libera o di esercizio, l'ascolto di musica dolce e rilassante può abbassare lo stress e migliorare il clima emotivo generale. Pedagogisti come Franco Lorenzoni consigliano l'uso di musiche calme e leggere che favoriscono una scrittura più rilassata e concentrata.

Tempi e pause adeguate:
- Pausa dei "supereroi": dopo alcuni minuti di attività di scrittura intensa, interrompi per brevi pause in cui i bambini possono alzarsi, stiracchiarsi o fare semplici movimenti corporei. Come suggerisce lo psicologo e pedagogista Daniele Novara, alternare momenti di attenzione a brevi pause motorie aiuta a mantenere alta la motivazione e a prevenire affaticamento e frustrazione.

Gestire quindi le difficoltà emotive e motivazionali legate alla scrittura significa aiutare i bambini a vivere serenamente anche gli errori e le difficoltà, trasformando ogni esperienza in opportunità di crescita emotiva e personale. Con piccole strategie pratiche e con il coinvolgimento attivo delle famiglie, gli insegnanti possono creare un ambiente in cui la scrittura sia percepita come una scoperta piacevole e gratificante.

STRATEGIE MOTIVAZIONALI

Se gli alunni vengono coinvolti emotivamente si favorisce un legame positivo con l'attività grafica, si rinforza l' autostima personale e si trasforma il corsivo da compito assegnato ad conquista importante.

1. Mostra del Corsivo
- Occasione mensile in cui ogni alunno porta in classe una frase o una parola scritta in corsivo.
- Esporre i lavori in un "angolo del corsivo" o in una bacheca dedicata.
- Stimola la presa di coscienza dei progressi, la condivisione e l'emulazione positiva tra pari.

2. Rituali di celebrazione

Esempi efficaci:

- "Il Tesoro della Penna": ogni volta che un alunno raggiunge un obiettivo specifico (es. fluidità, leggibilità), riceve a scuola una penna personalizzata o un "diploma di corsivo" simbolico.
- "Gesti in evidenza": momenti di applauso o riconoscimento verbale quando un gesto grafico migliora visibilmente durante una lezione.

Come strutturare le attività

Obiettivi chiari

Definire cosa si celebra (es. tratto fluido, rispetto del rigo, stringa di legature corrette).

Tempistica fissa

Riservare 10-15 minuti a settimana o ogni due settimane per la mostra e la celebrazione.

Coinvolgimento attivo

Far scegliere ai bambini cosa esporre; invitare compagni a commentare positivamente.

Documento dei progressi

Tenere un diario (anche visivo) con date e tappe raggiunte per ogni alunno.

Corrispondenza con la famiglia

Inviare una "cartolina del corsivo" a casa con un breve commento positivo.

Schede operative pag. 25 vai al download con QR

ALTRI GIOCHI UTILI

Queste attività sono pensate per rafforzare la motivazione, l'autostima e il piacere della scrittura manuale nei bambini di 6-7 anni.

ATTIVITÀ DI GRUPPO
1. Racconto a staffetta

- Descrizione: I bambini si dispongono in cerchio. Il primo scrive su un foglio l'incipit di una storia in corsivo (una frase o due), poi passa il foglio al compagno che prosegue con un'altra frase, e così via.
- Pro: stimola la collaborazione, riduce ansia da foglio bianco, rende la scrittura un gioco collettivo.
- Contro: alcuni alunni timidi potrebbero sentirsi sotto pressione; rischio di perdita di coerenza narrativa se non guidati dall'insegnante.

2. "Il giornalino della classe"

- Descrizione: Ogni settimana un piccolo gruppo di alunni si occupa di raccogliere notizie, disegni e brevi articoli (in corsivo) per un "giornale" affisso in aula.
- Pro: dà senso di responsabilità, valorizza il lavoro scritto, incoraggia l'uso quotidiano della scrittura.
- Contro: organizzazione e tempi lunghi; alcuni gruppi potrebbero prevalere su altri se non si ruota il ruolo.

3. Gara di calligrafia "a coppie"

- Descrizione: Le coppie di bambini scelgono una parola o una frase e, in un tempo stabilito (3-5 minuti), competono scrivendola meglio possibile. L'insegnante valuta insieme leggibilità e cura del tratto.
- Pro: introduce un elemento di sfida divertente, sviluppa concentrazione e attenzione al dettaglio.
- Contro: può generare ansia da prestazione nei più insicuri; serve un clima di fair-play chiaro e condiviso.

4. Scrittura creativa con oggetti misteriosi

- Descrizione: Un contenitore contiene piccoli oggetti (una piuma, una piccola bambola, un fiore finto...). A turno, ogni gruppo pesca un oggetto e deve inventare "chi l'ha perso" e raccontarlo in una breve frase o descrizione in corsivo.
- Pro: stimola immaginazione, apertura al linguaggio descrittivo, rende la scrittura un'attività ludica.
- Contro: alcuni oggetti potrebbero non essere interessanti per tutti; serve una buona gestione del tempo per non far perdere il ritmo.

ATTIVITÀ INDIVIDUALI

1. Diario delle piccole vittorie

- Descrizione: Ogni bambino, a casa o a scuola, scrive ogni giorno una frase in corsivo su un successo personale (anche piccolo), es. "Oggi ho allacciato da solo le scarpe".
- Pro: rinforzo dell'autostima, pratica quotidiana del corsivo, riflessione personale.
- Contro: richiede costanza; alcuni alunni potrebbero annoiarsi se non variano il contenuto.

2. Lettera a un personaggio preferito

- Descrizione: Scrivere in corsivo una lettera ad un personaggio di un cartone animato, un animale o un amico immaginario raccontando una giornata tipo.
- Pro: forte motivazione emotiva, uso spontaneo del linguaggio, senso di gioco e creatività.
- Contro: necessità di un primo supporto per organizzare le idee; alcuni potrebbero scrivere troppo o troppo poco.

3. Scheda "La mia lettera più bella"

- **Descrizione:** Proporre schede con spazio ampio per scrivere una singola lettera o parola su cui i bambini possono dedicare più tempo, decorando e "abbellendo" il tratto corsivo.
- **Pro:** esercizio mirato sulla qualità del tratto, gratificazione estetica, sviluppo dell'attenzione al dettaglio.
- **Contro:** può stancare se proposto troppo spesso; va alternato con attività più dinamiche.

4. Scrittura a specchio

- **Descrizione:** Incoraggiare il bambino a riscrivere brevi parole o frasi al contrario (da destra verso sinistra), come in uno specchio, per poi tornare al corsivo normale.
- **Pro:** esercita la memoria visiva e la flessibilità cognitiva, rende la scrittura divertente.
- **Contro:** alcuni alunni potrebbero trovare l'operazione eccessivamente complessa e frustrante; usarla con moderazione.

SUGGERIMENTI ORGANIZZATIVI

- **Alternanza e varietà:** mescola attività di gruppo e individuali per mantenere alto l'interesse.
- **Feedback costruttivo:** valorizza ogni tentativo con commenti positivi e indicazioni chiare su come migliorare.
- **Ritmo e pause:** integra brevi momenti di movimento o ascolto sonoro per ricaricare l'attenzione tra un esercizio e l'altro.

Con queste attività e qualche accorgimento organizzativo, la scrittura manuale diventa un'esperienza coinvolgente, fonte di soddisfazione personale e collettiva, e un'occasione preziosa per costruire motivazione e autostima nei bambini.

7
L'IMPORTANZA DELLE ABILITÀ GRAFO-MOTORIE COME PROPEDEUTICHE ALL'USO DELLE TECNOLOGIE DIGITALI

L'IMPORTANZA DELLE ABILITÀ GRAFO-MOTORIE COME PROPEDEUTICHE ALL'USO DELLE TECNOLOGIE DIGITALI

In un mondo in cui i bambini di sei anni si trovano sempre più spesso a muovere le dita su schermi sensibili e a impugnare penne digitali, le abilità grafo-motorie – quel complesso di movimenti che coordina occhio, mano e dita – diventano una vera e propria base propedeutica all'uso sereno delle tecnologie digitali.

Quando un alunno di classe prima di scuola primaria passa dal tracciato della "a" corsiva al trascinamento di un'icona su un tablet, il percorso non è brevissimo: lo stesso controllo di precisione e la stessa lentezza riflessiva che si applicano nel formare un ovale o un ricciolo a mano, servono anche per selezionare una voce di menù, per disegnare su un'app di pittura o per trascinare blocchi di testo in un editor. Se non avesse imparato a regolare la pressione sul foglio, o a tenere salda la matita con un'impugnatura matura, il passaggio al pennino sullo schermo risulterebbe innaturale e frustrante.

Proprio su questo punto si sofferma il pedagogista e studioso delle tecnologie *Ruben Puentedura*, noto per il modello SAMR: secondo lui, ogni avanzamento nell'uso didattico del digitale è più efficace quando è sostenuto da solide competenze pre-digitali. I bambini che fin dall'asilo hanno esercitato la grafomotricità – disegnando cerchi, ripetendo tratteggi e imparando a variare la velocità e l'inclinazione del segno – dimostrano poi grande agilità nell'interagire con tablet e lavagne multimediali, perché riconoscono subito la relazione tra gesto e immagine sullo schermo.

Anche la neurologa *Régine Zekri-Hurstel* sottolinea come ogni movimento grafico manuale rafforzi circuiti sinaptici dedicati alla coordinazione oculo-manuale. Quando quei circuiti sono già rodati dal disegno sul quaderno, diventano preziosi alleati nel controllo del cursore, nel disegno di forme in app educative e nella digitazione di semplici testi.

In classe, un'attività pratica può essere la "lezione incrociata": dopo aver scritto insieme in corsivo la prima parola della giornata, gli alunni passano a un'app di disegno digitale dove devono riprodurre lo stesso termine con il pennino. Così scoprono immediatamente quanto il controllo della mano influisca sulla qualità del tratto digitale. Allo stesso modo, nelle pause tra un esercizio e l'altro, basta chiedere di ripassare con un dito sulla lavagna interattiva le linee curve già disegnate sul quaderno: è un esercizio di rinforzo che rende palpabile, in presa diretta, il legame tra gesto manuale e risultato visivo sul dispositivo.

Il contributo di *Maria Montessori* ci ricorda che l'apprendimento passa attraverso il corpo: quando i bambini manipolano le attività sensoriali con il tatto, affinano la percezione della pressione e della direzione del movimento, qualità poi trasferibili nel tocco digitale. A casa, invece, si possono proporre semplici attività come l'uso di app di pittura per disegnare figure su schermo, ma sempre dopo aver consolidato l'abilità di disegnare gli stessi soggetti su carta. Questo evita che i piccoli si sentano persi di fronte a uno schermo senza feedback tattile e li aiuta a mantenere viva la percezione del gesto.

Quindi, le abilità grafo-motorie sono il trampolino di lancio per una fruizione matura e creativa delle tecnologie digitali. Senza quelle competenze di base, il tablet rischia di diventare un semplice giocattolo, anziché uno strumento che amplia le possibilità di apprendimento e di espressione dei nostri alunni.

IL MODELLO SAMR

Il modello SAMR, ideato dal pedagogista Ruben Puentedura, è uno schema semplice e al tempo stesso molto utile per riflettere su come integrare la tecnologia nella didattica. Il suo acronimo sta per quattro livelli di utilizzo del digitale: Substitution, Augmentation, Modification e Redefinition.

I quattro livelli del modello SAMR

1. Sostituzione
In questo primo livello la tecnologia prende il posto di uno strumento tradizionale, ma senza cambiare davvero il modo di lavorare. Ad esempio, se in classe i bambini di prima elementare sostituiscono il quaderno di corsivo con una semplice pagina bianca su un'app di scrittura, senza sfruttare caratteristiche specifiche del dispositivo, si tratta di una sostituzione. Il vantaggio è la rapidità e la centrale archiviazione digitale, ma l'apprendimento resta identico a quello "su carta".

2. Arricchimento
Qui la tecnologia introduce piccoli miglioramenti che potenziano il compito originale. Immaginiamo che gli alunni scrivano in corsivo su un tablet e possano correggere immediatamente eventuali tratti sbagliati con la gomma digitale, oppure utilizzare un tasto "ripeti" per riascoltare istruzioni audio su come tracciare una "l" o una "f". In questo modo il gesto di scrittura rimane centrale, ma diventa più semplice sperimentare e autocorreggersi.

3. Riprogettazione
Al livello di modifica la tecnologia permette di ripensare l'attività in modo sostanziale.

Ad esempio, dopo aver imparato le basi del corsivo, i bambini lavorano a coppie su lavagna multimediale interattiva per realizzare un "muro di parole": trascinano frasi in corsivo già scritte in risposte a immagini o domande, e possono spostarle, colorarle e collegarle fra loro. Il lavoro non è più solo individuale e "su riga", ma diventa un'esperienza collaborativa e visiva, resa possibile dalla lavagna.

4. Ridefinizione

Questo è il livello più alto, in cui la tecnologia consente attività prima impensabili. I bambini, ad esempio, possono registrarsi mentre leggono ad alta voce il proprio testo in corsivo, inviare la registrazione a una classe gemella in un'altra regione, ricevere feedback audio-visivi e poi rielaborare collettivamente le loro frasi in un ambiente di videoconferenza. Qui la scrittura manuale diventa parte di un progetto comunicativo e collaborativo globale, reso possibile unicamente dalla tecnologia.

Perché usare il modello SAMR?

Il modello SAMR non deve essere inteso come una rigida scala da percorrere sempre fino all'ultimo livello. Serve piuttosto come uno strumento di riflessione critica per gli insegnanti. Un educatore può porsi domande come: "Quale livello di SAMR sto raggiungendo con questo strumento? Potrei usare la tecnologia per trasformare questa attività invece di limitarmi a migliorarla?". L'obiettivo finale non è raggiungere sempre la Ridefinizione, ma scegliere il livello più appropriato in base agli obiettivi didattici. A volte, la Sostituzione può essere la scelta più adatta per un'attività specifica. Tuttavia, il modello incoraggia gli insegnanti a esplorare il potenziale della tecnologia e a non limitarsi al suo utilizzo più basilare.

Nel contesto della scrittura corsiva, SAMR permette di integrare strumenti digitali in modo graduale e significativo: dal semplice esercizio su tablet (sostituzione), all'uso di funzionalità di autocorrezione (aumento), fino ad attività collaborative e comunicative (modifica e ridefinizione) che rendono la scrittura a mano parte di progetti più ampi, motivanti e autentici.

Il modello SAMR è spesso diviso in due macro-categorie:

- Miglioramento: che comprende i livelli di Sostituzione e Aumento. In questa fase, la tecnologia migliora i compiti esistenti, rendendoli più efficienti o completi.
- Trasformazione: che comprende i livelli di Modifica e Ridefinizione. Qui la tecnologia non si limita a migliorare, ma trasforma l'apprendimento, aprendo la strada a nuove possibilità pedagogiche.

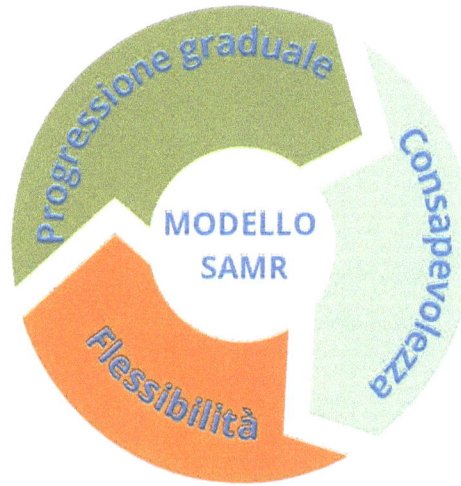

- Consapevolezza : aiuta l'insegnante a valutare se sta semplicemente "trasponendo" su digitale le stesse attività o se sta davvero innovando la didattica.
- Progressione graduale: fornisce una roadmap per passare da un uso basico della tecnologia a scenari più creativi e complessi, rispettando i tempi dei bambini.
- Flessibilità: non esprime giudizi di valore assoluto, ma suggerisce come spostarsi da compiti più semplici a compiti che sfruttano appieno le potenzialità digitali.

8

DALL'APPRENDIMENTO DELLO STAMPATO MAIUSCOLO AL CORSIVO: UN PERCORSO GRADUALE

DALL'APPRENDIMENTO DELLO STAMPATO MAIUSCOLO AL CORSIVO: UN PERCORSO GRADUALE

Passare dallo stampato maiuscolo al corsivo è un viaggio che richiede tempi, attenzioni e tanti piccoli passi di rinforzo, come ci ricordano grafologi e pedagogisti. Lo stampato maiuscolo, infatti, è "bilineare": ogni lettera si sviluppa tra due righe, è un segno singolo, senza necessità di aggiungere curve che le uniscano per formare parole.
Questo lo rende percettivamente più semplice per i bambini di sei anni, che devono prima familiarizzare con la forma di ciascun segno grafico.
Secondo la grafologa Lucia Berti, un approccio che inizia dallo stampato maiuscolo aiuta il bambino a costruire una rappresentazione mentale stabile delle lettere, prima di affrontare le connessioni del corsivo. Non si tratta di una semplice sostituzione di lettere, ma di un vero e proprio passaggio evolutivo che coinvolge motricità, cognizione e creatività. La *tempistica* di questo passaggio è strettamente legata ai livelli iniziali d'ingresso alla scuola primaria degli alunni: se infatti ogni alunno avrà interiorizzato i prerequisiti necessari alla scrittura, solitamente il corsivo può essere introdotto nel secondo quadrimestre di classe prima, dedicando tutto il primo quadrimestre invece all'apprendimento dello stampato maiuscolo. Le linee programmatiche ministeriali lasciano invece anche il secondo anno di scuola primaria per poter apprendere - consolidare la scrittura corsiva. Per evitare inoltre un sovraccarico cognitivo è

utile presentare soprattutto in classe prima solo lo stampato maiuscolo poichè quello minuscolo è nato come carattere da stampa, quindi utile per essere letto e non tanto scritto. Lo stampato minuscolo si presenta come slegato, anche all'interno del singolo carattere, non influenza positivamente la formazione del pensiero lineare e le direzioni di movimento delle lettere vanno contro un'economia del gesto. L'associazione tra il carattere stampato maiuscolo e il suo minuscolo può essere potenziata con attività mirate in termini di riconoscimento e non tanto di scrittura del secondo: ad esempio, elencando una serie di lettere in stampato maiuscolo sulla colonna di sinistra del foglio, si può chiedere di collegarle alle lettere di destra che sono inserite in ordine diverso.

ESEMPIO DI PERCORSO GRADUALE IN CLASSE.
Consolidamento dello stampato maiuscolo
- In classe: allestisci un "mercatino delle lettere": ogni bambino riceve una serie di carte su cui sono scritte singole lettere maiuscole. A turno, le abbina a oggetti reali che iniziano con quella lettera (ad es. "M" con mela, "S" con sasso). In questo modo fissa la forma del segno e il suo valore fonetico.
- Perché funziona: secondo la pedagogista Daniela Lucangeli, associare simbolo e oggetto rinforza contemporaneamente la memoria visiva e fonologica.

Introduzione delle prime curve del corsivo
- In classe: dopo alcune settimane di esercizi in stampato, passa a far "disegnare" nell'aria, con tutto il braccio, le curve che poi ritroveranno nel corsivo (anelli, onde e semicerchi). Oppure con l'aiuto dei cerchi della palestra, fai calpestare la circonferenza dello strumento avendo cura di chiudere bene il percorso, evidenziato con un punto verde di inizio, realizzato con un cartoncino colorato.

73

- Perché funziona: come sottolinea la psicomotricista Nicoletta Costa, lavorare con movimenti ampi sviluppa lo schema corporeo e prepara la mano al gesto più raffinato del corsivo.

Prime lettere "ibride"

- In classe: scegli alcune lettere in corsivo che hanno tratti chiari e simili per gesto (per esempio "c", "o", "a") e scrivile in un quaderno: alternate la riga di scrittura con quella vuota per la riproduzione; i bambini le tracciano in corsivo, ma senza collegarle tra loro.
- Utile in questo caso è l'associazione di lettere in corsivo per famiglia, intesa come similarità di forma e gesto grafico.
- Perché funziona: questo passaggio intermedio – evidenziato dal pedagogista Franco Frabboni – permette di concentrarsi solo sulla forma delle singole lettere corsive, senza preoccuparsi ancora del collegamento.

Collegamento progressivo delle lettere

- In classe: proponi parole molto brevi (ad es. "ama", "ore") tracciate in corsivo su grandi fogli o alla lavagna. Invita i bambini a copiare un segno alla volta, collegando prima due lettere, poi tre.
- Perché funziona: secondo la studiosa di scrittura corsiva Giulia Saracino, la gradualità evita il sovraccarico cognitivo e motorio: ogni nuova unione tra lettere è un piccolo successo da celebrare.

Esercizi di scrittura in contesto

- In altri contesti e discipline: in un'attività di laboratorio di scienze, chiedi ai bambini di annotare in corsivo il nome di alcuni semi o foglie raccolti. Oppure, durante un'uscita nel giardino della scuola, invitali a disegnare in corsivo la parola "fiore" accanto a un piccolo bozzetto.
- Perché funziona: integrare il corsivo in attività trasversali fa percepire la scrittura manuale come strumento di comunicazione vivo e non solo come esercizio meccanico.

Consolidamento e autonomia

- In classe: alla fine del percorso, ogni bambino crea un "*quaderno dell'avventura corsiva*" in cui, liberamente, scrive frasi, brevi racconti o titoli di disegni.
- Perché funziona: come spiega Virginia Berninger, *l'autonomia d'uso* è la prova che il passaggio è stato ben interiorizzato: i circuiti cerebrali coinvolti nella lettura e nella scrittura lavorano ora in sinergia, rendendo il gesto fluido e sicuro.

SEQUENZA CONSIGLIATA PER FAMIGLIE DI LETTERE E LEGATURE

Le famiglie classiche di raggruppamento delle lettere in corsivo sono state semplificate e suddivise nelle schede operative per similarità di gesto e associazione ad un oggetto reale per essere più facilmente memorizzabili dai bambini.

1. Famiglia degli archi (lettere del sole)
Caratteristica: inizio dall'alto verso sinistra con movimento curvo.
Lettere: a, c, d, g, q, o
Esempio di legature: ac, co, od, ga.
👉 Obiettivo: consolidare la curvatura e il ritorno fluido sul rigo di base.

2. Famiglia delle aste (lettere dei vasi - straniere - gabbiani)
Caratteristica: tratti verticali con collegamento dall'alto.
Lettere: i, l, t, u, w, e
Esempio di legature: li, ul, te, we.
👉 Obiettivo: allenare la precisione nella verticalità e la connessione alta.

3. Famiglia delle aste con pancia (lettere dei vasi - straniere - gabbiani)
Caratteristica: tratto iniziale verticale seguito da curva discendente.
Lettere: n, m, h, r, y

Esempio di legature: na, mi, hr, ry.

👉 Obiettivo: gestire alternanza tra verticale e curva senza interruzioni.

4. Famiglia delle discendenti (lettere straniere - bicchieri - labirinto - gabbiani)

Caratteristica: estensione sotto il rigo di base.

Lettere: j, p, f, z

Esempio di legature: jo, pa, fi, zu.

👉 Obiettivo: controllare la lunghezza del tratto discendente e il rientro.

5. Famiglia delle ascendenti (lettere dei gabbiani)

Caratteristica: tratto iniziale alto che parte dal rigo e sale.

Lettere: b, k, l, h

Esempio di legature: ba, ko, la, he.

👉 Obiettivo: curare l'altezza costante e la continuità di collegamento.

Proposta di legature progressive

1. Lettere isolate → prime legature tra due lettere (es. co, li).
2. Legature tra tre lettere (es. col, mia).
3. Parole semplici (es. luna, coda, melo).
4. Frasi brevi per allenare ritmo e uniformità (es. La luna cade).

Suggerimenti didattici
- Mantenere il passaggio da una famiglia all'altra solo quando la precedente è consolidata.
- Alternare momenti di scrittura lenta (per precisione) a scrittura veloce (per fluidità).
- Utilizzare righe graduate e poi passare a righe semplici.
- Inserire esercizi "a specchio" per rinforzare la percezione del gesto.

Schede operative pag. 26 vai al download con QR

ALTRI GIOCHI UTILI

I percorsi magici
Prima di passare alle lettere vere e proprie, fai fare al bambino percorsi a onde, a spirale o a cerchio su un grande foglio. Questo allena la fluidità del polso e del braccio. Puoi usare la pittura a dita, pennarelli grossi o anche semplicemente l'acqua su una lavagna.

Il trenino delle sillabe
Con la pasta di sale o pongo, crea le forme delle sillabe (es. "ca", "le", "ba") e chiedi al bambino di unirle come vagoni di un trenino. Questo rafforza l'idea che le lettere non sono isolate, ma si uniscono per formare un'unità.

Tracciati su superfici diverse
Utilizza superfici e strumenti vari per far sperimentare la scrittura corsiva. In una vaschetta piena di sabbia o farina, chiedi al bambino di tracciare le lettere con il dito. Sulla lavagna, usa i gessetti per scrivere lettere grandi. Questi esercizi multisensoriali rinforzano il ricordo della forma delle lettere.

ATTIVITÀ DI CONFRONTO E ABBINAMENTO
Queste attività si concentrano sulla discriminazione visiva e sulla creazione di associazioni tra le varie forme delle lettere.

Le Carte Gemelle
Prepara delle carte con le lettere dell'alfabeto in due modalità: stampato maiuscolo e corsivo. Ad esempio, una carta con la 'A', una con la 'a' stampata e una con la 'a' corsiva.

Mescola le carte e chiedi al bambino di trovare tutte le "gemelle" di una lettera specifica, come tutte le forme della 'B'. Puoi anche fare un gioco di memoria, disponendo le carte a faccia in giù e cercando le coppie.

Il Domino della Scrittura
Crea delle tessere tipo domino. Su una metà della tessera c'è una lettera in una modalità (es. 'C' in maiuscolo) e sull'altra metà un'altra lettera in una modalità diversa (es. 'e' in corsivo). Il bambino deve attaccare la tessera successiva trovando la forma corrispondente, per esempio la 'c' in corsivo.

2. Attività di Costruzione e Riconfigurazione
Queste attività usano il movimento e il tatto per far interiorizzare le forme delle lettere al di là del semplice gesto di scrittura.

Modella le Forme
Fornisci al bambino del pongo, della plastilina o dei fili di lana. Chiedigli di modellare una lettera in stampato maiuscolo, poi di trasformarla nel corsivo. Ad esempio, può fare la 'S' maiuscola, poi la 's' corsiva. Questo rinforza la comprensione che la forma cambia ma il suono rimane lo stesso.

La Scatola Magica
Prepara una scatola bassa con del riso, della farina o della sabbia. Chiedi al bambino di "disegnare" la stessa parola (ad esempio, "mare") prima in stampato, poi in corsivo. Può usare il dito, un bastoncino o un pennello, sperimentando diverse sensazioni e movimenti per la stessa parola.

METODI D'INSEGNAMENTO DEL CORSIVO

Metodo	Caratteristica distintiva
Primavera®	Gesto spontaneo e naturale come base della scrittura.
Venturelli®	Percorso graduale e individualizzato "dal gesto al corsivo".
Corsivo italico semplificato	Un solo alfabeto minuscolo per stampato e corsivo.
Montessori (scrittura spontanea)	Il gesto parte dall'individuo, non dal modello.
Multisensoriale-grafomotorio	Integrazione corpo–mente nel gesto grafico.
Fono-sillabico integrato	Integra suono e forma corsiva per potenziare lettura-scrittura.
Graphotherapy (Oliveaux)	Percorsi specialistici per rieducare la disgrafia.
Freinet (cooperativo)	Scrittura in contesto reale e collaborativo.
Metodo classico	Tradizione con pregrafismo e sequenze progressive.

COME SCEGLIERE IL METODO IN PRATICA.

- Classi eterogenee / plurilingui / DSA: base multisensoriale, fonico-sillabico e un modello italico semplificato: leggibilità + legature chiare.
- Prevenzione/recupero disgrafia: Venturelli per la struttura quotidiana; Primavera per sciogliere il gesto; graphotherapy nei casi marcati.
- Motivazione/uso autentico: intreccia Freinet (giornalino, cartelloni, corrispondenza) con esercizi mirati su ductus e ritmo.

METODI D'INSEGNAMENTO DEL CORSIVO

Metodo Primavera®

Il Metodo Primavera nasce nell'alveo della grafologia educativa italiana e prende ispirazione dalla grafoterapia francese. La sua idea guida è semplice: prima del "modello lettera" c'è il gesto spontaneo. In classe si parte da movimenti ampi e naturali—onde, anse, cerchi—per sciogliere la mano, regolare il respiro e trovare un ritmo. Solo quando il gesto è fluido si "aggancia" la forma della lettera, curando i punti di partenza e di arrivo e introducendo con calma le legature del corsivo. Servono supporti grandi (fogli A3, parete, pavimento), vassoi con sabbia o farina, pennarelli a tratto pieno e modelli ingranditi con frecce direzionali. Le sessioni sono brevi e quotidiane (10–15 minuti), dal grande al piccolo, dall'aria al foglio. Punti forti: altissima motivazione, riduce tensioni e impugnature rigide, adatto anche a chi mostra fragilità grafo-motorie o DSA lievi. Limiti: richiede formazione docente e, se non integrato con fonologia e ortografia, rischia di restare esercizio di "bei tratti" senza ricaduta linguistica.

Metodo Venturelli®

Sviluppato in Italia, è un percorso strutturato "dal gesto alla scrittura" che previene la disgrafia lavorando su tre assi: schema corporeo, pregrafismo progressivo, postura/prensione. La didattica prevede routine chiare: verifiche posturali (posizione del foglio, inclinazione, luce), famiglie di tratti (aste, curve, anse), passaggio dallo stampato al corsivo con tappe intermedie e schede graduate. Strumenti tipici sono righe sagomate, modelli con punti di inizio, griglie di osservazione e impugnature ergonomiche. Il tempo è scandito in blocchi brevi ripetuti (8–12 minuti) con monitoraggi periodici.

Punti forti: replicabilità, indicatori osservativi, attenzione preventiva alle difficoltà. Limiti: può risultare "rigido" se applicato senza spazi di creatività e richiede materiali dedicati e coerenza di team.

Corsivo italico semplificato (es. "Scrittura Corsiva")

Ispirato all'italico rinascimentale e ripensato per la primaria, propone un solo alfabeto di base (minuscolo) con forme semplici e legature chiare, riducendo la confusione tra quattro set (stampato/corsivo, maiuscolo/minuscolo). In classe si lavora per famiglie di tratti e si passa rapidamente alle parole con collegamenti regolari, enfatizzando leggibilità e ritmo. Bastano alfabeti-modello essenziali, schede ad alto contrasto e quaderni con righe utili. Punti forti: chiarezza, basso carico cognitivo, ottimo in classi eterogenee. Limiti: in alcune scuole è percepito come "non tradizionale" e richiede allineamento del team per non mescolare modelli.

Approccio Montessori (scrittura spontanea e lettere tattili)

Per Montessori il gesto nasce dal fare sensoriale: il bambino tocca lettere smerigliate, traccia in sabbia, associa suono e segno, poi passa alla matita quando la mano è pronta. Le presentazioni sono individuali e brevi, il lavoro è autonomo nell'"ambiente preparato". Strumenti: lettere smerigliate, alfabeti mobili, vassoi di sabbia, lavagnette. Tempi personalizzati: si introduce il corsivo quando c'è prontezza motoria e fonologica. Punti forti: altissima autonomia, apprendimento multisensoriale profondo. Limiti: necessita di materiali specifici e regia ambientale; talvolta è complesso da trasferire in classi numerose con tempi rigidi.

Approccio multisensoriale-psicomotorio

Qui si integrano vista, tatto, udito e movimento: tracciare in aria con il braccio intero, percorsi a pavimento, sabbia/farina, filastrocche o un metronomo per scandire il ductus. Si lavora dal grande al piccolo, alternando attivazione e calma attentiva. Utile con bambini di 6 anni (e oltre) perché consolida schema corporeo e coordinazione occhio-mano. Punti forti: motivante, inclusivo per DSA e classi plurilingui, favorisce automatismi del gesto. Limiti: senza istruzione esplicita sul ductus e sui punti di attacco, può disperdere; serve una regia didattica che porti al segno alfabetico.

Metodo fonico-sillabico integrato (applicato al corsivo)

Unisce alfabetizzazione e grafia: dal fonema ("/m/") alla forma corsiva ("m"), passando per sillabe e parole. In classe si usano carte fonema-grafema, gesti fonologici, schede con legature evidenziate, brevi dettati strutturati. Il ritmo è quotidiano e progressivo (pochi suoni per volta). Punti forti: migliora decodifica e spelling, ottimo in classi plurilingui e per molti DSA perché abbassa il carico di memoria visiva pura. Limiti: se eccessivamente "drill", può calare la motivazione; va bilanciato con produzione significativa (frasi, microtesti) e attività creative.

Modello tipografico "Sassoon Primary" (Rosemary Sassoon)

Non è un metodo didattico, ma una famiglia di caratteri progettata per la primaria: aperture ampie, forme distinguibili, legature dolci. In didattica funziona come modello visivo coerente per alfabeti-poster, schede e lavagna: riduce l'ambiguità delle forme e sostiene la leggibilità mentre si apprendono le legature corsive. Punti forti: uniformità di riferimento, meno fatica visiva, ponte naturale verso il corsivo. Limiti: da solo non basta—va integrato con un percorso motorio-didattico; richiede che l'intero team lo adotti per evitare "mix" di modelli.

Graphotherapy (scuola francese, R. Oliveaux)

Percorso individuale di rieducazione per disgrafia: prima si "de-condiziona" (si sciolgono tensioni, si rieduca respiro, presa, postura), poi si "ri-condiziona" il gesto con pattern nuovi e funzionali, fino alla legibilità fluida. In classe il docente collabora con lo specialista: riduce quantità, punta su qualità e usa guide visive chiare; a casa si seguono esercizi brevi e mirati. Punti forti: molto efficace nei casi marcati; riallinea gesto, postura e autostima. Limiti: richiede specialista formato, impegno famiglia-scuola e tempo dedicato; non è una soluzione "di classe".

Freinet (scrivere per uno scopo reale)

Freinet valorizza la scrittura come azione sociale: giornalino di classe, cartellonistica, corrispondenza con altre scuole. Il corsivo diventa strumento vivo di comunicazione; i bambini scrivono per un vero lettore. In pratica: ideazione → stesura → revisione → pubblicazione, con ruoli rotanti. Punti forti: altissima motivazione, senso di pubblico, integrazione autentica del corsivo in compiti reali. Limiti: serve tempo e un occhio vigile alla qualità calligrafica (ductus, spaziature), altrimenti il contenuto rischia di scavalcare la cura formale.

Metodo classico/sequenziale (quaderni e famiglie di tratti)

È la tradizione italiana del Novecento: si procede per pregrafismi su riga/quadretti, famiglie di lettere (curve, aste, anelli), poi parole e frasi. Molto lavoro su iscrizione (forma del segno) e progressione (avanzamento sulla riga). Didatticamente offre routine semplici, verifiche periodiche (leggibilità, allineamento, spazi). Punti forti: automatizza il gesto e dà sicurezza a chi beneficia della ripetizione.

Limiti: se proposto "meccanicamente" può risultare poco motivante; va ibridato con multisensoriale, creatività e compiti significativi.

Di seguito vengono riportate griglie di osservazione per l'andamento degli alunni relative ad ogni metodo presentato.

Metodo PRIMAVERA

Alunno: _____ Data: _____ Classe: _____

Quando usarla: settimanale nelle fasi di avvio e di fluidità del gesto (10–15 minuti).
Indicatore (0=Critico, 3=Solido)

Indicatore	Punteggio	Note / Esempi
Fluidità del movimento (onde/anse)		
Ritmo e respirazione durante il tratto		
Passaggio dal grande (aria/pavimento) al foglio		
Direzione e punto d'inizio del ductus		
Impugnatura rilassata (no pressione eccessiva)		
Legature iniziali tra lettere semplici		

Azioni rapide se punteggio ≤ 1:
- 2' di onde a parete + ricalco su cartoncino spesso; pausa-respiro 4–4; ritorno su lettera-ponte (o–a).

Metodo VENTURELLI

Alunno: _____ Data: _____ Classe: _____

Quando usarla: quindicinale: fine micro-unità (pregrafismo, postura, lettere).
Indicatore (0=Critico, 3=Solido)

	Punteggio	Note / Esempi
Postura e inclinazione foglio corretta		
Prensione funzionale (tripode dinamico)		
Rispetto delle righe sagomate / altezze		
Esecuzione famiglie di tratti (aste/curve/anse)		
Transizione ordinata stampato → corsivo		
Leggibilità complessiva e ritmo		

Azioni rapide se punteggio ≤ 1:
– Routine posturale; 1 riga di famiglia di tratti mirata; scheda con punti/frecce.

Corsivo ITALICO semplificato

Alunno: _____ Data: _____ Classe: _____

Quando usarla: settimanale nei primi 2 mesi di adozione del modello. Indicatore (0=Critico, 3=Solido)	Punteggio	Note / Esempi
Riconoscimento del modello minuscolo unico		
Coerenza delle legature (entrata/uscita)		
Chiarezza delle forme (aperture, anse)		
Ritmo e spaziatura tra parole		
Riduzione di confusione fra alfabeti		

Azioni rapide se punteggio ≤ 1:
– Mini-poster sul banco; riga di famiglia di tratti + parola target (m–n–r → "mare").

Approccio MONTESSORI

Alunno: _____ Data: _____ Classe: _____

Quando usarla: dopo presentazione di 2–3 lettere smerigliate (individuale).
Indicatore (0=Critico, 3=Solido)

Indicatore	Punteggio	Note / Esempi
Percorso tattile corretto sulle lettere		
Associazione suono–segno		
Traccia in sabbia coerente col ductus		
Passaggio autonomo sabbia → matita		
Cura/ordine del lavoro autonomo		

Azioni rapide se punteggio ≤ 1:
– Ripresentazione lenta della lettera; lavoro in sabbia + eco del suono; ritorno alla smerigliata.

Approccio MULTISENSORIALE–PSICOMOTORIO

Alunno: _____ Data: _____ Classe: _____

Quando usarla: ogni 5–6 lezioni per verificare trasferimento grande → piccolo.
Indicatore (0=Critico, 3=Solido)

	Punteggio	Note / Esempi
Esecuzione percorsi a pavimento/aria		
Coordinazione occhio-mano su supporti diversi		
Sincronia con ritmo/filastrocca		
Trasferimento forma dal grande al quaderno		
Stanchezza/iper-tensione mano (si/no)		

Azioni rapide se punteggio ≤ 1:
– Traccia col dito su superfici varie (2'); 1 riga lenta con metronomo 60–70 BPM.

Metodo FONICO–SILLABICO integrato

Alunno: _____ Data: _____ Classe: _____

Quando usarla: fine settimana su suoni/sillabe introdotti. Indicatore (0=Critico, 3=Solido)	Punteggio	Note / Esempi
Riconoscimento fonema presentato		
Produzione della forma corsiva del fonema		
Unione in sillabe con legature corrette		
Decodifica/Dettato di parole semplici		
Stabilità del ritmo (senza blocchi)		

Azioni rapide se punteggio ≤ 1:
– Carte fonema–grafema + riga di sillaba target; micro-dettato (3 parole) con feedback immediato.

Modello tipografico SASSOON PRIMARY

Alunno: _____ Data: _____ Classe: _____

Quando usarla: bimestrale, per coerenza del modello in classe. Indicatore (0=Critico, 3=Solido)	Punteggio	Note / Esempi
Riferimento coerente al modello (poster/schede)		
Distinzione chiara di lettere simili (a/o, n/m)		
Allineamento del team (stesso font/modello)		
Legature rispettano i "ponti" del modello		

Azioni rapide se punteggio ≤ 1:
– Sostituire modelli discordanti; schede su lettere confondibili con confronto Sassoon.

GRAPHOTHERAPY (Oliveaux) – monitor scuola↔terapeuta

Alunno: Data: Classe:

Quando usarla: ogni 3–4 settimane durante il percorso specialistico.
Indicatore (0=Critico, 3=Solido)

Indicatore	Punteggio	Note / Esempi
Adesione agli esercizi domiciliari		
Presa/postura meno tese		
Riduzione dolore/fatica riferita		
Miglioramento leggibilità/ritmo		
Transfer al lavoro curricolare		

Azioni rapide se punteggio ≤ 1:
– Concordare micro-obiettivo con terapeuta; ridurre carico righe; privilegiare qualità vs quantità.

FREINET – scrivere per uno scopo reale

Alunno: _____ Data: _____ Classe: _____

Quando usarla: a ogni numero del giornalino/progetto di scrittura.
Indicatore (0=Critico, 3=Solido)

	Punteggio	Note / Esempi
Motivazione e partecipazione nel compito reale		
Cura formale del corsivo in bozza		
Revisione tra pari (forma e contenuto)		
Leggibilità dei prodotti pubblicati		

Azioni rapide se punteggio ≤ 1:
– Checklist di revisione della forma (spazi; legature); riga di rifinitura prima della pubblicazione.

Metodo CLASSICO/SEQUENZIALE

Alunno: _____ Data: _____ Classe: _____

Quando usarla: settimanale nelle fasi di addestramento/automatizzazione. Indicatore (0=Critico, 3=Solido)	Punteggio	Note / Esempi
Iscrizione: forma corretta delle lettere		
Progressione: avanzamento regolare sulla riga		
Spaziatura intra/inter–parola		
Costanza di dimensioni/inclinazione		
Velocità funzionale senza perdita di qualità		

Azioni rapide se punteggio ≤ 1:
– Oggetti grafici mirati; guida di inizio riga; tempo breve + feedback sulla qualità.

9

INCLUSIVITÀ DIDATTICA E STRATEGIE SPECIFICHE PER ALUNNI CON DSA

INCLUSIVITÀ DIDATTICA E STRATEGIE SPECIFICHE PER ALUNNI CON DSA

Le Linee guida MIUR 2011 per il diritto allo studio degli alunni con DSA offrono un quadro di riferimento che si articola in pochi punti chiave:

- **Riconoscimento e certificazione**

Definiscono i criteri diagnostici per i Disturbi Specifici dell'Apprendimento, stabilendo procedure condivise per la valutazione e certificazione da parte delle ASL e delle strutture sanitarie autorizzate.

- **Piano Didattico Personalizzato (PDP)**

Introducono l'obbligo di redigere, per ogni alunno con DSA, un PDP in cui vengano indicate le misure compensative e dispensative concordate tra docenti, famiglia e specialisti, con obiettivi chiari, tempi e strumenti di verifica.

- **Misure compensative e dispensative**

Compensative: strumenti (mappe concettuali, sintetizzatori vocali, correttori ortografici, testi digitali) che aiutano l'alunno a superare le difficoltà legate a lettura, scrittura e calcolo.
Dispensative: esoneri o riduzioni di prestazioni (per es. copia di testi lunghi, dettati, tempo delle prove scritte) per alleggerire il carico di lavoro e ridurre l'ansia da prestazione.

- **Didattica inclusiva e multisensoriale**

Promuovono metodologie che coinvolgono contemporaneamente vista, udito e movimento, affinché l'apprendimento sia accessibile e motivante anche per chi fatica con i canali strettamente verbali o grafomotori.

- **Formazione e coordinamento tra docenti e specialisti**

Prevedono percorsi di aggiornamento per gli insegnanti sui DSA e momenti di confronto regolare con logopedisti, psicologi e altri professionisti, per modulare e adeguare costantemente il PDP.

- **Verifica e valutazione personalizzata**

Suggeriscono strumenti non tradizionali (prove orali, mappe, presentazioni multimediali) come alternative o integrazioni alle verifiche scritte, per misurare le competenze effettive dell'alunno senza penalizzarne il disturbo.

L'inclusività nell'insegnamento della scrittura in corsivo nasce dal riconoscimento, sancito dalle Linee guida MIUR del 2011, che ogni bambino, anche quello con un Disturbo Specifico dell'Apprendimento, possa raggiungere gli stessi traguardi di scrittura, purché accompagnato da tempi, strumenti e metodologie adeguate.

In classe, il primo passo è personalizzare i materiali: per un alunno con difficoltà di decodifica visiva o disgrafia, le schede in corsivo possono avere lettere più grandi, spazi più ampi tra le righe e un contrasto netto tra il segno e lo sfondo. Se copiando frasi intere il bambino si sente sopraffatto, l'insegnante può proporre micro-consegne, per esempio, "oggi scriviamo solo la frase 'La farfalla vola'" e premiarne l'esecuzione con un'etichetta di riconoscimento (un bollino colorato o una stellina) per ogni piccolo successo.

Le Linee guida invitano inoltre a utilizzare strumenti compensativi, come quaderni speciali e dedicati, righe sagomate che guidano l'altezza del corsivo, formati (quadrati) più adeguati alle dimensioni dell'arto del bambino e non per forza il classico quadernone formato A4 che risulta troppo ampio per la gestione dello spazio-foglio e anche per una corretta visione del tracciato grafico. Sono disponibili inoltre software di scrittura predittiva su tablet, che permettono al bambino di concentrarsi sul gesto senza l'ansia dell'ortografia.

Allo stesso modo, le misure dispensative, ad esempio la riduzione del numero di righe da scrivere o la possibilità di dettare anziché copiare, garantiscono che il bambino non si senta frenato dall'eccessivo carico di lavoro manuale. Un approccio davvero inclusivo è poi multisensoriale e collaborativo. Prima di scrivere sul quaderno, i bambini "disegnano" le lettere in corsivo nell'aria, seguendo una filastrocca ritmata: suono, movimento e parola si combinano per rinforzare la corrispondenza fonema-grafema. A coppie, i compagni più sicuri possono diventare peer tutor, leggendo insieme al bambino con DSA la lettera o la parola da copiare, aiutandolo a tracciare ogni tratto e incoraggiandolo con feedback positivi. In questo modo, la scrittura corsiva diventa non un ostacolo, ma un'esperienza condivisa, dove ogni piccolo progresso è valorizzato e sostenuto da strumenti, strategie e compagni di classe.

ESEMPIO DI PERSONALIZZAZIONE DI LEZIONE SULLA LETTERA A IN CORSIVO AD UNA CLASSE PRIMA DI SCUOLA PRIMARIA.

OBIETTIVI:
- Far familiarizzare gli alunni con la forma, il gesto grafico e il suono della lettera "a" in corsivo.
- Sviluppare coordinazione occhio-mano, attenzione e memoria visiva.
- Offrire personalizzazioni e supporti specifici per alunni con DSA, garantendo inclusività.

MATERIALI
1. LIM o lavagna tradizionale in ardesia (da preferire per le prove grafiche dei bambini, per la maggiore resistenza al gesso e quindi per una migliore memorizzazione del gesto grafico).
2. Cartoncini rigati (grandi quadretti), ciascuno con una "a" maiuscola in corsivo tracciata con linea spessa
3. Schede operative con righe sagomate per corsivo e esempi ingranditi della "a"
4. Pennarelli o gessetti colorati.
5. Specchietti-cartoncino (per esercizio "a specchio")
6. Quadernoni a quadretti grandi (per alunni con DSA)
7. Timer o campanella per scandire i tempi di lavoro

FASI DELLA LEZIONE

ATTIVAZIONE (5')
- Richiamo del vissuto: "Quanti di voi conoscono già la 'a' in stampato? Oggi scopriamo come 'balla' nel corsivo!" Intanto proviamo a pensare a due parole, una che comincia per a e un'altra che finisce per a.
- Suoneria breve o battito di mani per catturare l'attenzione.

PRESENTAZIONE VISIVA (10')

- Mostra alla lavagna l'esempio ingrandito della "a" in corsivo, tracciando lentamente, verbalizzando i punti di inizio, il percorso di chiusura del cerchio e il gancio di collegamento alla lettera successiva. Quale forma nasconde la lettera A?
- Spiegazione parlata: "Immaginate di disegnare un cerchio che si allunga leggermente a destra, poi una piccola codina che scende e risale appena."
- Per i DSA: usa una LIM con contrasto elevato (sfondo chiaro, segno scuro), evidenzia il tratto con un colore diverso, e ripeti il gesto più volte.

ESERCIZIO DI MOTRICITÀ GLOBALE (5')

- Disegno nell'aria: tutti in piedi, impugnano un "pennello immaginario" e ripetono il gesto della "a" sul muro o in aria con il braccio intero.
- DSA: invita gli alunni che faticano a seguire a usare uno specchietto-cartoncino, osservando allo specchio il loro movimento e confrontandolo con l'insegnante.

OSSERVAZIONE E MEMORIA VISIVA (7')

- "Guarda e copia": mostri per 5 secondi un cartoncino rigato con la "a" disegnata. Poi lo copri e inviti i bambini a riprodurla sul quaderno.
- DSA: concedi un tempo più lungo (es. 8–10 secondi) e fornisci schede con la "a" tratteggiata (linee guida) da ricalcare prima di scrivere liberamente.

SCRITTURA GUIDATA SUL QUADERNO (10')

- Distribuisci quaderni piccoli formato A5 per i primi esercizi di scrittura corsiva in modo che lo spazio da gestire sia più adeguato all'età, quelli con rigatura evidenziata per i DSA. La rigatura deve essere spiegata con un riferimento reale: per esempio terra, erba, cielo.
- Esempio al tavolo dell'insegnante: traccia la "a" su una riga sagomata, indicando con il dito ogni punto di inizio e arresto del tratto.

- I bambini ripetono, riga per riga.
- DSA: fornisci un puntino verde di inzio col pennarello oppure adesivi per marcare il punto di partenza su ogni riga; riduci il numero di righe a 2–3 anziché 5.

GIOCO DI VERIFICA IN COPPIA (5')
- A coppie, un bambino legge ad alta voce la sequenza di istruzioni ("catturo il punto d'inizio, giro giro, chiudo il cerchio, giù dritto, curva su) e l'altro ripete il gesto sul quaderno.
- DSA: abbina un compagno tutor più esperto, che guida verbalmente il compagno in difficoltà, offrendo rinforzi positivi ("Bravissimo!") ad ogni prova.

CONCLUSIONE E RINFORZO (3')
- Raccogli insieme le "a" migliori e fissale su un cartellone di classe ("La 'a' di oggi"), oppure evidenzia con un colore brillante la lettera tracciata più vicina al modello
- Assegna un bollino colorato a ogni alunno per il loro impegno.
- Spiega il compito a casa: esercitare la "a" in corsivo sul quaderno, 2 righe, prima ricalcando e poi scrivendo autonomamente.

Una lezione così strutturata introduce oltre alla forma grafica anche l' attenzione, la memoria visiva e la coordinazione oculo-manuale. Le personalizzazioni per DSA favoriscono il senso di competenza e *riducono l'ansia* da prestazione, creando un clima inclusivo e motivante.

ADATTAMENTI PRATICI PER LA GESTIONE DI TEMPI, SPAZI E STRUMENTI COMPENSATIVI

1. Gestione dei tempi

Gli alunni con DSA, in particolare con disgrafia, disortografia o dislessia, possono richiedere tempi più lunghi per la produzione scritta a mano.
Suggerimenti operativi:
- Pianificazione a blocchi brevi: suddividere l'attività in micro-fasi (es. 5–7 minuti) con pause di rilassamento muscolare.
- Tempo aggiuntivo nelle verifiche: permettere di completare i compiti di scrittura a mano senza pressione temporale.
- Flessibilità nella consegna: consentire di concludere parte del lavoro a casa o in momenti dedicati in aula.

2. Gestione degli spazi

Il contesto fisico può incidere sul rendimento nella scrittura corsiva.
- Postazione dedicata: sedia e banco alla giusta altezza, illuminazione naturale o artificiale uniforme.
- Riduzione delle distrazioni visive e sonore: evitare che la postazione sia vicina a fonti di rumore o passaggio frequente.
- Uso di quaderni personalizzati: rigatura ampliata o righe colorate per facilitare la collocazione delle lettere.
- Supporto inclinato: tavolette o leggi-libro per mantenere la corretta postura e ridurre la tensione muscolare.

3. Strumenti compensativi

Gli strumenti compensativi non sostituiscono l'apprendimento del corsivo, ma riducono la fatica e migliorano la qualità del gesto grafico.
- Impugnature ergonomiche per matite e penne.
- Matite e penne a scorrimento fluido (roller o penne gel) per ridurre la pressione necessaria.

- Penne cancellabili per abbassare l'ansia da errore.
- Schede-modello con le lettere in corsivo da tenere come riferimento sul banco.
- Schede-guida con frecce direzionali del gesto grafico.
- Software di videoscrittura e tastiere semplificate come supporto per la stesura finale di testi lunghi (integrazione, non sostituzione).

4. Strategie di supporto motivazionale

- Celebrare anche piccoli progressi (migliore allineamento, tratto più fluido).
- Integrare momenti di scrittura creativa per stimolare l'interesse.
- Far scegliere all'alunno il colore della penna o il quaderno per aumentare il senso di personalizzazione.

10

LA DISGRAFIA: CONOSCERLA PER INTERVENIRE EFFICACEMENTE

LA DISGRAFIA: CONOSCERLA PER INTERVENIRE EFFICACEMENTE

La disgrafia è un disturbo specifico della scrittura che si manifesta con un'abilità grafo-motoria insufficiente rispetto all'età, all'intelligenza o alle opportunità di apprendimento del bambino. Chi presenta questa difficoltà ha una grafia lenta, irregolare, spesso difficilmente leggibile, con lettere mal formate, errori di spaziatura e discontinuità nel tratto. E' una difficoltà di apprendimento che può essere recuperata, in assenza di disturbi neurologici, con un percorso individuale specifico di almeno sei mesi presso un grafoterapeuta o riedicatore della scrittura. Ma quali sono le caratteristiche di un alunno con queste difficoltà?
Ci sono **precisi indicatori** che segnalano la disgrafia e sono:
- Grafia irregolare e faticosa.
- I bambini impiegano molto tempo a copiare parole o frasi, spesso stancandosi prima di terminare l'esercizio.
- Le lettere appaiono di dimensioni variabili, alcune troppo piccole altre troppo grandi, con inclinazioni e proporzioni inconsistenti.

In classe per esempio durante la dettatura, un alunno disgrafico potrebbe fermarsi a ogni lettera, sollevare frequentemente la penna e correggere il tratto più volte.
- Errori costanti nella forma delle lettere.
- Lettere simili ("a" e "o", "m" e "n") vengono confuse o scambiate.
- I collegamenti tra le lettere in corsivo sono interrotti o poco fluidi.

In classe per esempio nella fase di scrittura libera, un bambino può cancellare ripetutamente la parola "mela" perché non riesce a tracciare correttamente la serie di curve e linee.
- Dolore o tensione durante la scrittura
- I piccoli riferiscono fastidio al polso o alle dita, perché tendono a stringere troppo la penna.
- Spesso adottano una presa errata (ad esempio troppo vicina o troppo lontana dalla punta), che causa affaticamento precoce.
- Disallineamento e spaziature inadeguate
- Le parole risultano addossate o troppo distanziate, senza rispetto delle righe guida.

In classe durante un compito di copia di una breve frase l'alunno occupa metà riga, lasciando molto spazio vuoto o, al contrario, sborda nel margine successivo.

Secondo grafoterapeute come C. Thoulon-Page e F. De Montesquieu allieve di R. Oliveaux, il primo passo è *osservare con pazienza e senza giudizio*: la disgrafia non è una mancanza di volontà da parte del bambino, ma un'incapacità motoria che va supportata con strategie mirate.

Strumenti compensativi e dispensativi
- Offrire quadernoni a righe più larghe o stampato invece che corsivo fino a quando il gesto non si stabilizza.
- Consentire l'uso di tastiera o di registratore vocale per ridurre il carico grafico durante la verifica delle conoscenze.

Attività di rinforzo grafo-motorio
- Esercizi di "traccia e ricalca": su schede con lettere con linee spesse, i bambini ricalcano il contorno più volte prima di copiare.
- Giochi di precisione: infilare piccole perle su un filo, utilizzare pinze per spostare oggetti minuscoli, colorare aree ristrette.

Feedback positivo e tempi adeguati
- Premiare ogni piccolo progresso, per esempio con bollini o etichette colorate.
- Allungare i tempi di scrittura, spezzando i compiti in micro-consegne di pochi elementi (una parola, poi due, poi una frase).

Approccio multisensoriale
- Far "disegnare" le lettere in corsivo nell'aria, su superfici ruvide o usando la sabbia in un vassoio, per coinvolgere tatto, vista e movimento. Più utile a questo proposito la lavagna in ardesia anzichè la LIM.

QUANDO È UTILE L'INTERVENTO DI UN GRAFOTERAPEUTA CON UN PERCORSO DI RIEDUCAZIONE DELLA SCRITTURA?

Quando la disgrafia è severa o comunque quando intacca l'autostima del bambino fino ad inficiare il suo percorso scolastico, è utile un percorso di rieducazione con un grafoterapeuta, specialista in grafomotricità. Il professionista valuta il tipo di difficoltà e propone un percorso individuale, in sedute regolari, in cui unisce esercizi di potenziamento motorio a giochi grafo-motori specifici. La Thoulon Page nel corso della sua attività ha mostrato come la pratica costante, in ambiente protetto, rinforzi i circuiti oculo-manuali.

La De Montesquieu e Oliveaux sottolineano anche l'importanza di integrare esercizi di calligrafia con attività creative (disegno, pittura a dita, manipolazione di argilla) per mantenere alta la motivazione del bambino.

I metodi di rieducazione della scrittura sono diversi ma quello che conta è l'obiettivo che ci si prefigge e il suo raggiungimento, supportato da un percorso di affiancamento, ascolto ed empatia da parte del rieducatore.

ROBERT OLIVEAUX

Robert Oliveaux, nato a Parigi nel 1935 e morto nel 2018, è stato uno dei pionieri della grafoterapia moderna. Psicologo e psicoanalista di formazione, diplomato in grafologia presso la Société Française de Graphologie e il Groupement des Graphologues-Conseil de France, nel 1960 presentò la prima stesura del suo metodo di ri-educazione della scrittura e nel 1966 fondò la prima Associazione di "Grafo-thérapeutes" in Francia.

Il suo approccio alla rieducazione della scrittura si articola in due fasi principali:
1. *Decondizionamento* della scrittura, in cui il bambino "disimpara" gesti grafici errati o tesi, attraverso esercizi di rilassamento e lavoro sulla motricità globale.
2. *Ricondizionamento*, che riproietta il gesto in forme nuove, armoniche e funzionali, utilizzando esercizi progressivi – dai pregrafismi alle lettere in corsivo – sempre calibrati sul profilo motorio e psicologico del singolo alunno.

Le tecniche di Oliveaux hanno influenzato in modo significativo i protocolli di rieducazione della scrittura in molti Paesi europei, ponendo le basi per un approccio che coniuga rigore grafomotorio e attenzione al benessere emotivo del bambino.

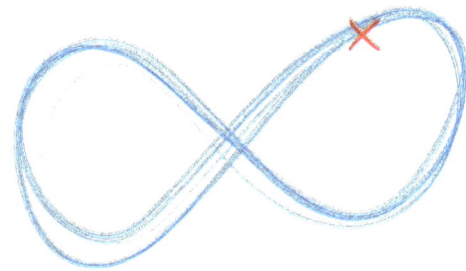

11
IL RUOLO DELL'INSEGNANTE: ACCOMPAGNARE IL GESTO GRAFICO IN CLASSE

IL RUOLO DELL'INSEGNANTE: ACCOMPAGNARE IL GESTO GRAFICO IN CLASSE

Insegnare il corsivo con successo significa mostrare il modello in modo chiaro, verbalizzando le direzioni funzionali della lettera, spezzare il percorso in tempi brevi e regolari, predisporre uno spazio dedicato e fornire un feedback immediato e incoraggiante.

Con queste strategie, ogni bambino può acquisire sicurezza nel gesto grafico e trasformare la scrittura corsiva in un piacere quotidiano. Secondo la pedagogista Maria Montessori, ogni nuova abilità si apprende meglio partendo dal "mostrare" prima di chiedere di "fare". In pratica, l'insegnante, dopo aver spiegato la rigatura su cui si andrà a scrivere, disegna alla lavagna la forma della lettera corsiva, evidenziandone le direzioni funzionali, ossia i punti di partenza della lettera, la traiettoria e il punto di arrivo finale. Subito dopo, spiega a voce alta ogni fase, coinvolgendo i bambini con domande semplici ("Da dove pensate che inizi questo tratto?"). Un passo importante, suggerito anche dall'esperto di calligrafia Franco Frabboni, è il "tracciato in aria": i bambini, in piedi davanti al banco, ripetono con il braccio intero il gesto che poi faranno con mano e dito. Questo li aiuta a memorizzare la traiettoria prima di avvicinarsi al quaderno.

La neurofisiologa Régine Zekri-Hurstel invece insiste su sessioni di scrittura brevi ma frequenti da parte dei bambini: non più di 10–12 minuti alla volta, per non stancare i muscoli della mano né disperdere l'attenzione.

In prima elementare, si può prevedere una piccola sessione di corsivo dopo il momento di concentrazione mattutino, e un breve ripasso dopo la ricreazione, in modo da sfruttare i picchi di attenzione.

Tra una seduta e l'altra, i bambini fanno una pausa di un paio di minuti in cui si alzano, si stiracchiano o ripassano il gesto "in aria" per sciogliere eventuali tensioni.

Anche il luogo in cui si scrive risulta determinante; infatti Franco Frabboni raccomanda di creare in classe un "angolo corsivo", un piccolo tavolo con quadernoni a righe sagomate, penne e matite con impugnatura ergonomica e modelli in cornice delle lettere corsive. L'angolo deve essere ben illuminato, lontano da fonti di distrazione come finestre rumorose o giochi: uno spazio dedicato invia il messaggio "*qui ci esercitiamo con calma*". Se in aula non c'è un angolo fisso, basta stendere un tappeto colorato sul pavimento, dove i bambini possono sedersi in cerchio e praticare il corsivo su blocchetti da appoggio rigidi.

La necessità poi di veder riconosciuto il proprio lavoro è un aspetto rimarcato da Virginia Berninger, studiosa delle neuroscienze dell'apprendimento. La Beringer sottolinea l'importanza del feedback immediato: non appena il bambino traccia la lettera sul quaderno, l'insegnante passa, indica con un segno leggero il punto di forza ("bella curva!") e suggerisce un piccolo miglioramento ("proviamo a chiudere un pochino di più questo cerchio"). Nelle settimane successive, è utile raccogliere i lavori migliori e appenderli nella bacheca di classe, per creare un senso di orgoglio collettivo.

Se si volesse sintetizzare graficamente tutte le fasi necessarie all'apprendimento del corsivo, si potrebbe farlo con questo schema:

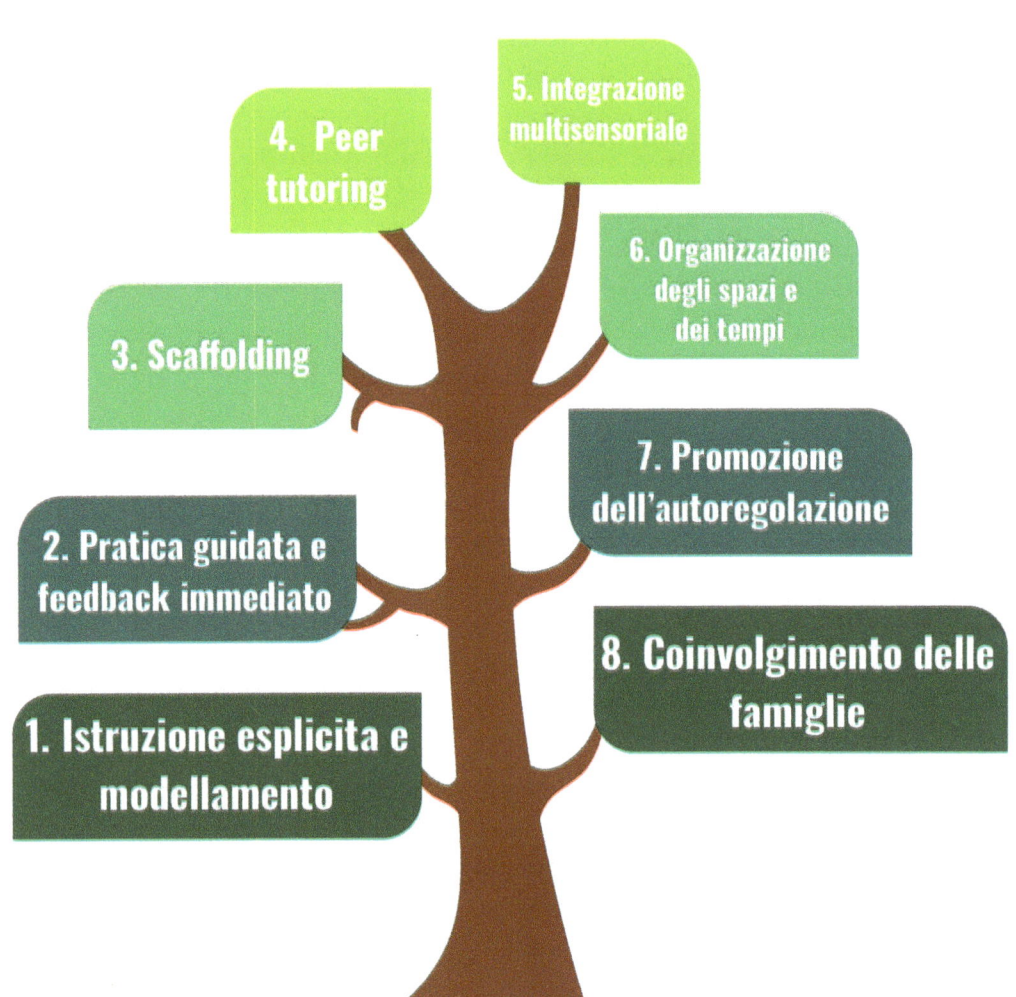

ACCOMPAGNARE IL GESTO GRAFICO IN CLASSE

1. ISTRUZIONE ESPLICITA E MODELLAMENTO

Secondo il modello di istruzione esplicita, l'insegnante mostra in modo chiaro ogni passaggio del gesto grafico prima di farlo eseguire ai bambini.

In classe: alla lavagna, traccia lentamente la lettera "a" corsiva rappresentando ogni fase: il cerchio, la coda finale, il punto di inizio. Descrivi ad alta voce ("Ora facciamo un cerchio ampio… e adesso una codina che scende piano").

Vantaggio pedagogico: Questo "modellamento" riduce l'ansia da compito e aiuta i bambini a interiorizzare la sequenza motoria. Per facilitare l'apprendimento è utile presentare le lettere per famiglie che condividono le medesime direzioni di tracciamento.

2. PRATICA GUIDATA E FEEDBACK IMMEDIATO

Dopo il modellamento, i bambini esercitano il gesto sotto la guida dell'insegnante, che offre correzioni e rinforzi in tempo reale.

In classe: Durante la scrittura sul quaderno, passa tra i banchi, indica con un segno leggero ciò che è ben riuscito ("Ottima curva!") e suggerisci un piccolo aggiustamento ("Prova a partire più in alto").

Vantaggio pedagogico: Il feedback tempestivo consolida le "tracce motorie" nel cervello, come evidenziano le ricerche di Virginia Berninger sulle neuroscienze dell'apprendimento.

3. SCAFFOLDING (SUPPORTO GRADUALE)

Si fornisce un sostegno iniziale che viene progressivamente rimosso man mano che il bambino diventa più autonomo.

In classe:

1: ricalco di lettere tratteggiate su schede a righe.

2: scrittura della stessa lettera con punti e frecce di guida (es. "parti qui →").

3: scrittura libera sul quaderno.

Vantaggio pedagogico: Riduce il carico cognitivo iniziale, rafforzando la fiducia e la motivazione.

4. APPRENDIMENTO COLLABORATIVO E PEER TUTORING

I compagni aiutano a vicenda, spiegando e mostrando come fare. *In classe*: Forma coppie miste: un alunno più fluido nel tratto guida uno che fatica, leggendo insieme le istruzioni ("cerchio, codina, fermati") e offrendo incoraggiamenti.

Vantaggio pedagogico: Rafforza il senso di comunità e favorisce l'apprendimento attraverso l'insegnamento reciproco.

5. INTEGRAZIONE MULTISENSORIALE

Si coinvolgono più canali sensoriali (vista, udito, tatto, movimento).

In classe:

- Fai "disegnare" le lettere nell'aria con il braccio intero, accompagnando il gesto con una filastrocca ritmica.
- Utilizza sabbia o schiuma sulla cattedra: i bambini tracciano la "a" col dito prima di passare alla matita.
- Vantaggio pedagogico: Coinvolge corpo e mente insieme, potenziando l'apprendimento e la memorizzazione del gesto.

6. ORGANIZZAZIONE DEGLI SPAZI E DEI TEMPI

Prevedere momenti brevi e spazi dedicati, per massimizzare la concentrazione.

In classe:

- Suddividi la lezione in blocchi da 10 minuti di corsivo, alternati a pause attive di 1–2 minuti (stretching o movimenti in aria).
- Crea un "angolo corsivo": un'area con modelli, quaderni sagomati e strumenti ergonomici dove un piccolo gruppo si esercita lontano dalle distrazioni.
- Vantaggio pedagogico: Mantiene alta l'attenzione e riduce l'affaticamento motorio e cognitivo.

7. PROMOZIONE DELL'AUTOREGOLAZIONE

Incoraggiare i bambini a riflettere sul proprio apprendimento, fissando obiettivi e valutando i progressi.

In classe:
- Alla fine di ogni seduta, chiedi: "Quale parte della lettera ti è venuta meglio? Su cosa vuoi lavorare la prossima volta?"
- Compila insieme una breve "scheda di autovalutazione" con faccine ("😊", "😐", "☹").
- Vantaggio pedagogico: Favorisce la consapevolezza metacognitiva e rende i bambini protagonisti del proprio apprendimento.

8. COINVOLGIMENTO DELLE FAMIGLIE

Il percorso didattico si estende al contesto domestico.

A casa:
- Proporre il "gioco delle lettere" prima di cena: ripassare le curve della "a" o del "e" con il dito sul tavolo imbandito, usando una musica rilassante di sottofondo.
- Incoraggiare brevi momenti quotidiani di disegno e scrittura insieme, valorizzando ogni successo con un elogio o un bollino.
- Vantaggio pedagogico: Rafforza la continuità educativa e la motivazione del bambino.

MODELLI DI LEZIONE "PRONTE ALL'USO" – CLASSE 1

Lezione 1 – Primi gesti preparatori

Durata: 20–25 minuti

Obiettivo: sviluppare la percezione spaziale e la fluidità del movimento.

Materiali: schede pregrafismo (archi e onde), matite HB, quaderni con rigatura A.

Fasi:
1. Riscaldamento motorio (3 min)
   - "Ginnastica delle dita": aprire/chiudere le mani, disegnare cerchi in aria con indice, toccare pollice con ogni dito.
2. Osservazione del gesto (5 min)
   - L'insegnante traccia un arco grande alla lavagna, evidenziando direzione e punto di partenza.
   - Gli alunni tracciano in aria imitando il movimento.
3. Esecuzione su scheda (10 min)
   - Tracciare archi e onde seguendo il modello.
   - Passare gradualmente da tratti ampi a tratti più piccoli.
4. Feedback e autovalutazione (5 min)
   - Osservare insieme le schede, evidenziare progressi, fare mini-correzioni.

Lezione 2 – Prime lettere della famiglia degli archi (a, c, o)

Durata: 30 minuti

Obiettivo: introdurre il gesto di base e le prime lettere legate tra loro.

Materiali: lavagna, quaderno rigatura A, penne cancellabili o matite.

Fasi:
1. Richiamo del gesto di base (5 min)
   - Ripasso veloce degli archi in aria e su lavagna.

2. Presentazione della lettera "a" (5 min)
   - Spiegazione visiva del tracciato con frecce direzionali.
   - Ripetizione collettiva in aria e poi su quaderno.
3. Introduzione di "c" e "o" (10 min)
   - Scrittura separata delle lettere.
   - Prime legature (ac, co, oa).
4. Esercizio in parola (5 min)
   - Scrivere la parola coca o caco, sottolineando continuità del tratto.
5. Conclusione con "Mostra veloce" (5 min)
   - Ogni alunno sceglie la parola meglio riuscita e la mostra alla classe.

Lezione 3 – Consolidamento e ritmo grafico

Durata: 25 minuti

Obiettivo: migliorare fluidità, mantenere proporzioni e spaziatura.

Materiali: quaderno rigatura A, schede con righe colorate guida.

Fasi:
1. Ritmo motorio (3 min)
   - Tracciare linee ondulate seguendo un battito di mani dell'insegnante.
2. Scrittura a tempo (5 min)
   - Scrivere sequenze di a–o–c seguendo un metronomo lento.
3. Legature in parole semplici (10 min)
   - oca, caco, coca.
   - Ripetere ogni parola 3 volte cercando uniformità.
4. Autocorrezione guidata (5 min)
   - Confrontare le prime e ultime righe scritte, osservare miglioramenti.

Suggerimenti metodologici
- Postura e impugnatura: controllare regolarmente, correggendo senza interrompere il flusso.
- Feedback immediato: correzioni in itinere per evitare consolidamento di errori.
- Progressione lenta: non introdurre nuove famiglie di lettere finché la precedente non è stabile.
- Uso della lavagna: sempre iniziare con il gesto ampio per fissare lo schema motorio.

12

EDUCARE SENZA FRETTA ATTRAVERSO IL GESTO GRAFICO

EDUCARE SENZA FRETTA ATTRAVERSO IL GESTO GRAFICO

Il valore pedagogico della lentezza, del silenzio e della riflessione durante la scrittura corsiva è oggi più che mai fondamentale, soprattutto in una società che spesso privilegia velocità e immediatezza. Educare i bambini alla lentezza e all'attenzione, infatti, significa insegnare loro non soltanto a scrivere bene, ma anche a sviluppare un **atteggiamento riflessivo** e consapevole di fronte alle attività quotidiane.
Secondo il pedagogista Gianfranco Zavalloni, sostenitore della "pedagogia della lumaca", rallentare i ritmi e valorizzare la calma aiuta i bambini a vivere l'apprendimento come un momento piacevole e significativo. Anche Daniela Lucangeli sostiene che una mente rilassata e attenta è una mente più disponibile all'apprendimento duraturo.
Anche se sembra un controsenso rispetto a quello che il mondo esterno ci impone è necessario che anche gli insegnanti non abbiano fretta nel proporre i contenuti programmatici ma diano più respiro ai tempi dei bambini i quali spesso non coincidono con quelli degli adulti. In classe, si possono proporre diverse attività pratiche per avvicinare i bambini a questi valori:

1. Il rito della matita e della mano
Prima di iniziare la scrittura, i bambini siedono con gli occhi chiusi per qualche secondo e respirano lentamente. Poi prendono la matita e la osservano in silenzio: come è fatta? Di che colore è? Quante dita ha la mia mano? Quali sono le dita che uso per impugnare la matita?

Solo dopo questa breve pausa riflessiva iniziano a scrivere lentamente una lettera o una parola.
- Perché funziona: Questa semplice attività invita alla calma e alla concentrazione, creando un'atmosfera tranquilla e raccolta.

2. Scrittura con musica rilassante
L'insegnante propone ai bambini di scrivere brevi frasi o parole con una musica di sottofondo calma e rilassante (guarda il capitolo 4).
- Perché funziona: La musica rilassante favorisce un ritmo lento e armonico della scrittura, rendendo più piacevole e meno faticoso il compito.

3. "La voce della matita"
Per pochi minuti la classe lavora nel silenzio assoluto, concentrata soltanto sul proprio foglio, scrivendo lentamente e con attenzione ogni parola, cercando di percepire il suono della matita che scrive sul foglio. Alla fine dell'attività, i bambini raccontano come si sono sentiti lavorando in silenzio.
- Perché funziona: Questa esperienza aiuta a scoprire il valore del silenzio e della concentrazione, permettendo ai bambini di percepire chiaramente il proprio gesto grafico e i movimenti della mano.

4. Il gioco delle lettere-lumaca
L'insegnante propone ai bambini di scrivere lettere in corsivo muovendo la matita il più lentamente possibile. Chi riesce a scrivere in modo lento e preciso riceve un piccolo riconoscimento (ad esempio una stellina o un bollino).
- Perché funziona: Premiare la lentezza, invece della velocità, rinforza la consapevolezza che la cura e la precisione hanno più valore della rapidità e della fretta.

5. Disegno e scrittura creativa lenta
Si propone ai bambini di disegnare un oggetto semplice (come una foglia o una nuvola) e poi scrivere lentamente in corsivo il nome dell'oggetto accanto al disegno.

- Perché funziona: Associare disegno e scrittura lenta rende l'esperienza grafica più ricca e completa, favorendo una maggiore attenzione e riflessione.

6. Momenti di pausa e riflessione guidata

Durante la scrittura, ogni cinque minuti circa, si propone una breve pausa di silenzio in cui ciascun bambino osserva la propria scrittura: "Quale lettera ti è venuta meglio? Quale parte vuoi migliorare?"

- Perché funziona: Stimola la capacità di autovalutazione e insegna ai bambini a riflettere sul proprio lavoro.

E A CASA?

Il lavoro sulla riflessione e consapevolezza oltreché sulla lentezza se rinforzato a casa avrà risultati maggiori in termini di capacità di confrontare e migliorarsi da parte dei bambini. Anche i genitori possono favorire questo approccio lento e riflessivo:

- proponendo brevi momenti serali di scrittura insieme, in silenzio o con musica rilassante, come un piccolo rito prima di andare a dormire.
- Lodando la qualità del tratto grafico piuttosto che la velocità di scrittura.
- Confrontando le varie attività grafiche e chiedendo il perchè un' attività è migliore di un'altra.

13

VALUTARE IL CORSIVO: STRATEGIE DI OSSERVAZIONE E STRUMENTI OPERATIVI

VALUTARE IL CORSIVO: STRATEGIE DI OSSERVAZIONE E STRUMENTI OPERATIVI

Valutare la scrittura in corsivo nella scuola primaria significa soprattutto osservare con attenzione, regolarità e sensibilità il modo in cui i bambini tracciano le lettere e collegano le parole, utilizzando strumenti semplici e chiari che possano aiutare l'insegnante a intervenire per tempo e valorizzare i progressi di ogni alunno.

Secondo la grafologa Alessandra Venturelli, deve essere fatta considerando quattro aspetti fondamentali:
- Il tratto grafico (fluidità e regolarità del segno)
- La leggibilità delle lettere (chiarezza e forma)
- L'organizzazione dello spazio (ordine e allineamento)
- La postura e la prensione dello strumento grafico

Per osservare questi aspetti nella pratica didattica quotidiana, può essere utile creare alcune semplici tabelle di valutazione.

TABELLA DI OSSERVAZIONE NELL'APPRENDIMENTO DEL CORSIVO.

Aspetto da osservare	Ottimo 😊	Buono 🙂	Sufficiente 😐	Da rinforzare 🙁	Osservazioni dell'insegnante
Tratto grafico (il bambino traccia con regolarità e fluidità?)					
Leggibilità (le lettere sono chiare e riconoscibili?)					
Spazi e ordine (le lettere e parole rispettano righe e margini?)					
Postura e impugnatura (posizione del corpo e della mano sono adeguate?)					

COME OSSERVARE IN CLASSE: ESEMPI PRATICI
1. Osservazione guidata
Periodicamente, durante una lezione di corsivo, dedica 5-10 minuti per osservare individualmente alcuni bambini mentre scrivono, utilizzando la tabella precedente. Ad esempio, controlla se mantengono una posizione del corpo corretta (schiena dritta, gomiti sul banco) e se impugnano correttamente la matita (pollice, indice e medio).

- Strategia pratica: passa tra i banchi mentre i bambini scrivono una parola breve (es. "luna") e annota rapidamente nella tabella gli aspetti più evidenti.

2. Attività di autovalutazione con simboli visivi
Alla fine di ogni esercizio, invita ciascun bambino a colorare una faccina sulla sua scheda personale che indichi come ha percepito il proprio lavoro (😊 🙂 😐 ☹️). L'insegnante potrà poi confrontare la propria osservazione con quella del bambino e dialogare insieme.

- Strategia pratica: consegna una piccola scheda finale con le faccine, dicendo: «Come senti di aver scritto oggi? Coloriamo la faccina che rappresenta il tuo lavoro!»

2. CHECKLIST RAPIDA PER OSSERVAZIONE QUOTIDIANA

- ☐ Mantiene postura corretta durante la scrittura?
- ☐ Impugna bene la matita?
- ☐ Il tratto è fluido e regolare?
- ☐ Le lettere sono ben formate e leggibili?
- ☐ Rispetta spazi e margini sul foglio?

Suggerimenti di attività per rinforzare i punti osservati

- Se la postura o la prensione non sono adeguate, proponi brevi esercizi motori di rilassamento e rinforzo (es. tracciare cerchi larghi con il braccio nell'aria o attività di manipolazione fine con pongo o perline).
- Se la leggibilità è da rinforzare, prepara brevi schede con lettere tratteggiate da ripassare più volte e che abbiano evidenziato il punto di partenza con la direzione funzionale della lettera (vedi capitolo schede operative).
- Se il problema riguarda spazi e ordine, usa righe colorate o adesivi per indicare il punto di inizio e fine della scrittura ed utilizza giochi di rinforzo spaziale relativi soprattutto alla percezione dello schema corporeo.

CONCLUSIONI

CONCLUSIONI

Negli anni più recenti abbiamo assistito a un progressivo incremento delle difficoltà grafo-motorie e alla diffusione di forme di disgrafia, spesso legate a un uso precoce e sregolato dei dispositivi digitali, alla mancanza di esperienze dirette vissute col proprio corpo e a un sempre minore spazio riservato al gesto grafico nella didattica quotidiana. Al contrario, numerosi studi e articoli di pedagogisti e neuroscienziati sottolineano quanto l'insegnamento della scrittura corsiva rappresenti oggi un vero e proprio "ponte" tra sviluppo motorio, cognitivo ed emotivo, capace di porre solide basi per l'intero percorso di apprendimento di un alunno.

In questo volume abbiamo affrontato, capitolo dopo capitolo, tutte le tappe necessarie per una guida pratica davvero efficace:

- dai prerequisiti spazio-percettivi, cognitivi, grafo-motori ed emotivi, fino alla valorizzazione dello schema corporeo e del giusto orientamento alla lentezza;
- al passaggio graduale dallo stampato maiuscolo al corsivo, con esercizi di iscrizione e progressione, affinamento della coordinazione occhio-mano e presa ergonomica;
- alle strategie di inclusività per alunni con DSA e disgrafia, fino al coinvolgimento del grafoterapeuta quando necessario;
- alle modalità di osservazione e valutazione del corsivo, con strumenti immediati.

Abbiamo visto come ogni attività – dalla memoria visiva ai giochi di pregrafismo; dall'utilizzo moderato della musica al peer tutoring – concorra a far vivere la scrittura manuale non come un obbligo, ma come un'esperienza di scoperta, di calma riflessiva e di creatività condivisa.

Ora spetta a voi, insegnanti, trasformare queste pagine in pratiche quotidiane: dedicando ogni giorno pochi minuti di qualità al corsivo, riconoscendo e sostenendo ogni progresso, e valorizzando la scrittura a mano come competenza insostituibile che insegna ai bambini a pensare lentamente, ad organizzare lo spazio del foglio come l'architetto del proprio pensiero e a custodire un'abilità che, ben radicata, li accompagnerà per tutta la vita.

SINTESI OPERATIVA
CONSIGLI CHIAVE

1. **Partire dai prerequisiti**
   - Verifica competenze grafo-motorie, spaziali e percettive prima di iniziare.
   - Inserisci attività di pregrafismo e potenziamento dove necessario.

2. **Insegnare per famiglie di lettere**
   - Procedi per gruppi omogenei di gesti grafici (archi, aste, ecc.).
   - Consolidare ogni famiglia prima di passare alla successiva.

3. **Mostrare sempre il gesto**
   - Usa la lavagna o supporti proiettati per far vedere direzione e ritmo.
   - Coinvolgi i bambini nei movimenti in aria prima di passare alla carta.

4. **Controllare postura e impugnatura**
   - Sedia e banco alla giusta altezza, piedi a terra, impugnatura rilassata ma stabile.

5. **Valutare il processo, non solo il prodotto**
   - Osserva fluidità, ritmo, leggibilità e continuità del gesto.
   - Usa checklist e osservazioni sistematiche.

6. **Motivare costantemente**
   - Celebrare i progressi, anche piccoli.
   - Creare momenti di "Mostra del corsivo" o rituali di riconoscimento.

7. **Integrare gradualmente il digitale**
   - La scrittura manuale va consolidata prima di passare all'uso esteso di device.

ERRORI DA EVITARE

✗ Saltare la fase dei prerequisiti → aumenta il rischio di difficoltà e disgrafia.

✗ Introdurre troppe lettere contemporaneamente → sovraccarica memoria e attenzione.

✗ Trascurare la postura → causa affaticamento e rigidità del gesto.

✗ Correggere solo a lavoro finito → l'errore motorio si consolida.

✗ Ignorare la componente emotiva → ansia e frustrazione compromettono l'apprendimento.

✗ Uniformare i tempi → alcuni alunni necessitano di più pratica e pause frequenti.

ALLEGATI

FILASTROCCHE

LA MIA MANO
La mia mano ha 5 dita:
pollice è il più bello
indice è il monello
medio è lungo lungo
l'anulare fa da fungo
al mignolino
che di tutti è
il più piccolino.

L'IMPUGNATURA
Questa è la filastrocca dell'impugnatura
che ci aiuta nella scrittura.
Pollice e indice
si danno i bacetti
sotto c'è il medio
che li tiene stretti,
mentre mignolo ed anulare
proprio nulla vogliono fare.

LA MAGIA DELLA SCRITTURA
Se a scrivere vuoi imparare
una piccola magia devi fare:
qualche trucco bisogna imparare
i piedi per terra devi appoggiare
i gomiti sul banco non dimenticare.
Osserva la lavagna con attenzione
e ripeti bene la direzione.
Anche in aria col dito monello
inizio in un punto e finisco in quello.
Tutto nella riga voglio sistemare
in basso e in alto devo toccare
e le lettere di certo non voglio accavallare
se l'occhio prima della mano faccio arrivare.
Ho fatto bene? Cerco di guardare
e al bravo della maestra
so già arrivare.

BIBLIOGRAFIA

Aucouturier B., *Il metodo Aucouturier. Fantasmi d'azione e pratica psicomotoria,* Franco Angeli, 2016.
Berthoz A., *La Simplexité,* Odile Jacob, 2009.
Craighero L., *Psicofisiologia del movimento*, Master in consulente didatico e rieducatore della scrittura, 2016, Univ. Fe.
Berninger V. W., *Teaching Students With Dyslexia and Dysgraphia: Lessons from Teaching and Science,* Brookes Pub, 2009.
Favaro G., *Capirsi diversi. Idee e pratiche di mediazione interculturale*, Carocci, 2004.
Le Boulch J., *Lo sviluppo psicomotorio dalla nascita ai 6 anni*, Armando, Roma, 2013.
Lucangeli D., *Cinque lezioni leggere sull'emozione di apprendere,* Erickson, 2019.
Lucangeli D., *A mente accesa*, Mondaori, 2024.
Montessori M., *Sulla scrittura, vita dell'infanzia,* Opera nazionale Montessori, 2007, Roma.
Puentedura R. R., *As We May Teach: Educational Technology, From Theory into Practice*, 2009.
Oliveaux R., *Pedagogia della scrittura e grafoterapia*, Epsylon, Roma, 2015.
Sassoon R., *Practical Guide to Children's Handwriting*, Hodder & Stoughton, 1983.
Thoulon-Page C., De Montesquieu, *Manuale di rieducazione della scrittura*, Epsylon, 2021.
Venturelli A., *Dal gesto alla scrittura*, Mursia, 2011, Milano
Zavalloni G,, *La pedagogia della lumaca*, Emi, Bologna, 2015.
Zerkri-Hurstel R., *Uno sguardo nuovo sull'alunno*, Epsylon, Roma, 2015.

SITOGRAFIA

Data	Titolo	Fonte/Autore	Affidabilità
gen 2012	Scrivere in corsivo	Blog "A seconda come tira il vento"	Blog indipendente, storicizzato
	https://asecondadcometirailvento.blogspot.com/2012/01/scrivere-in-corsivo.html		
set 2012	Col corsivo corrono i pensieri	Blog "Mestiere di scrivere"	Blog grafomotricità (specialistico)
	https://blog.mestierediscrivere.com/2012/09/18/col-corsivo-corrono-i-pensieri		
2015 Agg 2022	Tecnologie digitali e DSA: problematiche e soluzioni	IPRase – Regione Piemonte (doc. PDF)	Ente pubblico di formazione (agg. 2022)
	https://www.canalescuola.it/images/stories/documenti_attivita/iprase_tecnologie_digitali_e_dsa.pdf		
giu 2016	Corsivo vs computer. Perché scrivere a mano	Studium (Pensa Multimedia, PDF)	Rivista accademica/multimedia
	https://ojs.pensamultimedia.it/index.php/studium/article/download/2237/2045		
apr 2017	Scrivere a mano ci ha reso più intelligenti, ma i bambini...	AGI.it	Agenzia giornalistica nazionale (alta)
	https://www.agi.it/blog-italia/scuola/news/2017-04-13/scrivere_a_mano_corsivo_intelligenza_bambi-1680305/		
2017	Disgrafia e corsivo	Centro Kromos (Firenze)	Centro psicologia e DSA (attendibile)
	https://www.centrokromos.it/disgrafia-e-corsivo/		
set 2020	Stampatello, corsivo o tastiera? L'importanza della scrittura a mano...	PsicheLab Ciampino	Blog di ergoterapia pediatrica (settoriale)
	https://psichelabociampino.wordpress.com/2020/09/14/stampatello-corsivo-tastiera-importanza-della-scrittura-a-mano-nei-bambini/		
2021 (rec.)	Quali benefici offre il corsivo alla nostra mente?	Psicoterapia-Cognitiva.it	Portale psicologia (buona credibilità)
	https://www.psicoterapia-cognitiva.it/quali-benefici-offre-il-corsivo-alla-nostra-mente/		
5 dic 2022	DSA e scrittura: mini-guida agli strumenti compensativi	Anastasis.it	Centro di ricerca e servizi in DSA
	https://www.anastasis.it/disturbi-specifici-apprendimento/dsa-scrittura-guida-strumenti-compensativi/		

Data	Titolo	Fonte/Autore	Affidabilità
2022 (agg.)	Strumenti compensativi per la disgrafia: supporti alla scrittura	InfoDSA.it	Portale specializzato DSA, riconosciuto da MIUR
	https://infodsa.it/disgrafia/strumenti-disgrafia		
20 mag 2023	Imparare a scrivere in corsivo fin dalla prima	Erickson.it	Casa editrice specializzata in didattica
	https://www.erickson.it/it/mondo-erickson/imparare-a-scrivere-in-corsivo-fin-dalla-prima		
22 feb 2023	Alunni non sanno scrivere in corsivo, è vero?	OrizzonteScuola.it	Agenzia di informazione scolastica
	https://www.orizzontescuola.it/alunni-non-sanno-scrivere-in-corsivo-e-vero-alla-primaria-molte-maestre-non-lo-insegnano-piu-alle-medie-e-gia-troppo-tardi-ovviamente/		
22 feb 2023	Difficoltà a scrivere in corsivo. DSA in aumento...	UniversoScuola.it	Portale informativo per il mondo della scuola
	https://www.universoscuola.it/difficolta-scrivere-corsivo-dsa-aumento-approccio.htm		
5 DIC 203	Che cos'è fare diagnosi di disgrafia?	Lucilla Zordanazzo (blog)	Autrice esperta in grafomotricità
	https://www.lucillazordanazzo.it/scrivere-in-corsivo/		
7 feb 2024	Scuola, i bimbi scrivono male in corsivo per l'abuso...	FondazioneLuigiEinaudi.it	Fondazione di ricerca
	https://www.fondazioneluigieinaudi.it/scuola-i-bimbi-scrivono-male-in-corsivo-per-labuso-di-smartphone-tablet-e-social/		
9 'FEB 2024	La scrittura in corsivo a scuola diventa obbligatoria...	OrizzonteScuola.it	Agenzia di informazione scolastica
	https://www.orizzontescuola.it/la-scrittura-in-corsivo-a-scuola-diventa-obbligatoria-per-i-bambini-luso-di-carta-e-penna-consente-di-avere-piu-agganci-per-i-ricordi-e-per-lapprendimento-accade-negli-usa/		
9 GIU 024	10 motivi per cui la scrittura in corsivo è ancora importante	Gioia4Kids.com	Magazine di divulgazione familiare
	https://www.gioia4kids.com/post/10-motivi-per-cui-la-scrittura-in-corsivo-%C3%A8-ancora-importante-per-i-bambini-e-non-solo-per-loro		
1 nov 2024	Il linguaggio dell'anima. Scrivere a mano in corsivo...	Korazym.org	Magazine culturale-educativo
	https://www.korazym.org/107485/il-linguaggio-dellanima-scrivere-a-mano-in-corsivo-per-dare-respiro-al-pensiero/		

Data	Titolo	Fonte/Autore	Affidabilità
28 dic 2024	Allarme disgrafia, i bambini... non sanno più scrivere in corsivo	TecnicaDellaScuola.it	Portale di riferimento per docenti
	https://www.tecnicadellascuola.it/allarme-disgrafia-i-bambini-con-lavvento-delle-tecnologie-digitali-non-sanno-piu-scrivere-in-corsivo		
1 feb 2025	L'importanza del corsivo nelle scuole medie	Psicologi-Italia.it	Portale psicologia scolastica
	https://www.psicologi-italia.it/disturbi-e-terapie/psicologia-scolastica/articoli/limportanza-del-corsivo-nelle-scuole-medie-implicazioni-		
28 mar 2025	Scrittura a mano e corsivo nelle nuove indicazioni 2025: valorizzazione o rigidità?	Erickson.it	Casa editrice specializzata in didattica
	https://www.erickson.it/it/mondo-erickson/scrittura-a-mano-e-corsivo-nelle-nuove-indicazioni-2025-valorizzazione-o-rigidita		
30 apr 2025	La paura del corsivo in Italia	Disgrafiapura.it	Portale DSA e grafomotricità
	https://disgrafiapura.it/la-paura-del-corsivo-in-italia/		
13 mag 2025	L'obbligo di corsivo a scuola penalizza gli alunni dislessici	Avvenire.it	Quotidiano nazionale
	https://www.avvenire.it/attualita/pagine/l-obbligo-di-corsivo-a-scuola-penalizza-gli-alunni-dislessici		
11 giu 2025	Indicazioni Nazionali per il curricolo - Scuola dell'infanzia e Scuole del Primo ciclo di istruzione	Miur	Ministero dell'Istruzione e del Merito
	https://www.mim.gov.it/-/indicazioni-nazionali-per-il-curricolo-scuola-dell-infanzia-e-scuole-del-primo-ciclo-di-istruzione		

  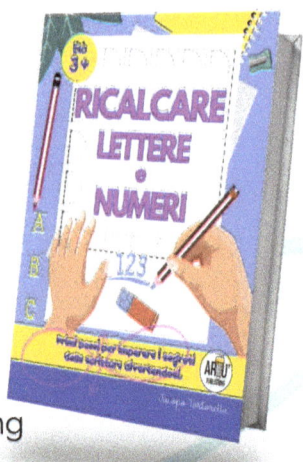

Noi di Artù Publishing ti ringraziamo per aver scelto questo libro.

Ci farebbe piacere avere una recensione onesta e sincera sul sito dove hai acquistato.

Siamo un gruppo di autori indipendenti che cercano di produrre libri di qualità.

E' un piccolo gesto che per noi fa veramente molta differenza.

Il team di Artù Publishing

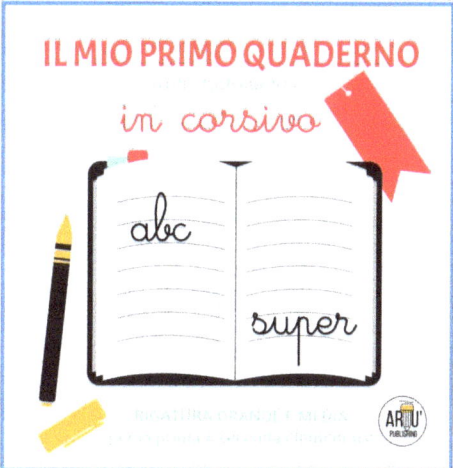

Iscriviti alla nostra newsletter per aggiornamenti

oppure scrivici a info@artupublishing.it
per richiedere l'iscrizione

Seguici sui social alla pagina

www.ingramcontent.com/pod-product-compliance
Lightning Source LLC
Chambersburg PA
CBHW061209070526
44583CB00025B/3175